Fleurs

Dépôt légal : 2001.

Fleurs

Pierre-Joseph Redouté

Préface Monique Ducreux

Bibliothèque de l'Image

Pierre-Joseph Redouté

Pierre-Joseph REDOUTÉ, ce « peintre des fleurs » apprécié des reines de France et de Belgique, naquit le 10 juillet 1759 à Saint-Hubert, petite ville de la province de Liège dans les Ardennes belges.

Issu d'une famille d'artistes, il est initié très tôt à l'art du dessin et la peinture. A peine âgé de six ans, il esquisse déjà de petits tableaux. Après avoir épuisé l'enseignement paternel, soucieux de se perfectionner dans son art, il entreprend de voyager. A seize ans, il part à la découverte de la Flandre et de la Hollande, visite les musées et c'est à Amsterdam, devant les tableaux de Van Huysen et Seghers, que va s'éveiller sa vocation de peintre de fleurs. La famille Redouté, riche de talent, ne l'est guère de florins et, pour vivre, le voyageur doit offrir ses services. Son jeune talent s'exerce dans les genres les plus divers, ornements de tableaux, décoration de châteaux, portraits. Sa réputation grandit et il aurait pu faire carrière dans l'exécution des portraits des grands s'il n'avait eu cet amour immense pour les fleurs.

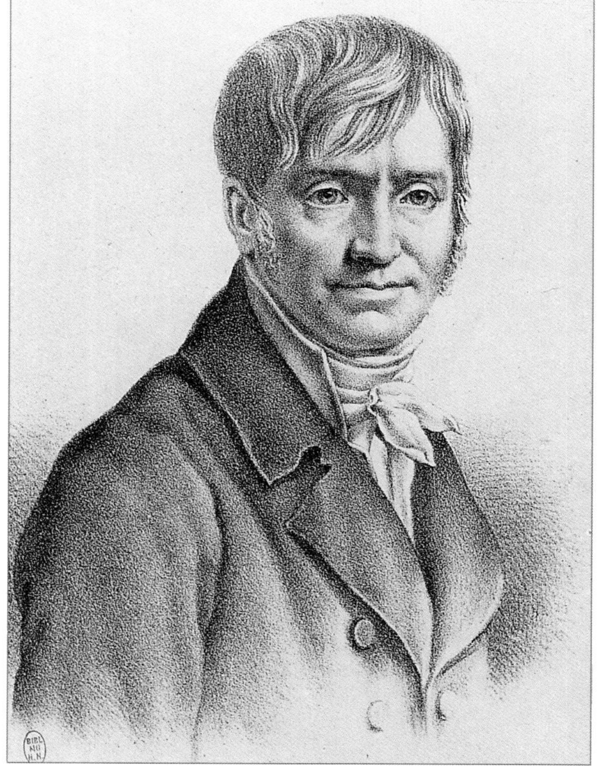

Pierre-Joseph Redouté.

En 1782 il vient à Paris muni de lettres de recommandation (qu'il égare d'ailleurs en route) retrouver son frère Antoine-Ferdinand qui exerce la profession de peintre de décors. Pendant quelque temps les deux frères travaillent ensemble à la décoration du Théâtre italien.

Mais la passion des fleurs est plus forte et Redouté fréquente assidûment le Jardin du roi pour y dessiner les plantes d'après nature. Il rencontre les botanistes du Jardin et s'initie à cette science.

C'est ainsi que, grâce sans doute à Louis-Guillaume Le Monnier, il fut plus tard nommé « dessinateur du Cabinet de la reine Marie-Antoinette ». Dans le même temps il est remarqué par un botaniste estimé, Charles-Louis L'Héritier de Brutelle, qui lui fait illustrer les planches de deux de ses ouvrages, dont le premier publié en 1784 et 1785 porte le titre de « Stirpes novae aut minus cognitae... »

Il devient au Jardin du roi l'élève de Gérard Van Spaendonck qui décèle rapidement ses dons et lui confie en 1785 l'exécution des 24 planches que chaque maître de dessin doit chaque année faire entrer dans la collection des Vélins, cette collection d'aquarelles sur vélin ou peau de veau mort-né commencée à l'instigation de Gaston d'Orléans frère du roi Louis XIII au début du XVIIe siècle.

Redouté exécute les dessins sans les signer et, substituant la technique de l'aquarelle légère et transparente à celle de la gouache opaque et lourde, il fait ainsi ressortir toute la finesse des fleurs qu'il peint.

C'est en 1793 pendant la Terreur que Pierre-Joseph et son plus jeune frère Henri-Joseph sont choisis sur concours par les professeurs du Muséum comme peintres des plantes pour la collection des Vélins.

La Convention a en effet décidé que la « collection de plantes et d'animaux peints d'après nature et déposée au Muséum national... ne doit pas être interrompue et qu'il est essentiel d'entretenir l'émulation entre les artistes qui s'occupent de ce genre de travaux ». Un crédit annuel de 6000 francs est accordé à cet effet.

Redouté est un peintre heureux qui a traversé sans heurts la tourmente révolutionnaire. On raconte qu'il fut appelé en pleine nuit pour peindre devant le roi et la reine, prisonniers au Temple, un cactus en fleurs.

Préface

Les voyages et expéditions se multiplient sous le Consulat et l'Empire, de nombreuses espèces végétales sont ramenées en France et acclimatées. Pour chacune d'elles au moment de la floraison on appelle Redouté qui, l'étudiant soigneusement, choisissant sa mise en pages, la dessine et lui donne ses couleurs. Sous l'Empire, on le retrouve dans les jardins de la Malmaison et il reçoit son brevet de « peintre de fleurs de S.M. l'Impératrice ». C'est sous la protection de Joséphine qu'il publie ses « Liliacées », magnifique ouvrage en huit volumes, illustré de 603 planches, commencé en 1802 et terminé en 1816. Dans son discours préliminaire il écrivait : « Les plantes de cette brillante série seront dessinées, gravées, coloriées avec toute la fidélité que la science peut désirer et, ce qui est plus difficile, avec le luxe du pinceau dont la nature les a embellies. De longues recherches sur la manière de graver la plus propre à recevoir l'impression en couleur et de nombreux essais m'ont démontré que l'art pouvait saisir et fixer l'éclat et les nuances variées que nous admirons dans les fleurs. »

Il participe aussi à l'illustration de l'ouvrage de Ventenat « Description des plantes nouvelles et peu connues cultivées dans le jardin de M. Cels » (1800-1802).

De 1803 à 1805 paraît le « Jardin de la Malmaison » dédié à Joséphine Bonaparte et contenant 120 planches. Il publie aussi en 1805 « La Botanique de Jean-Jacques Rousseau », édition in-folio des « Lettres élémentaires sur la Botanique ».

Plus tard, avec son élève Bessa, il illustre les trois volumes de « L'Histoire des arbres forestiers de l'Amérique septentrionale » par François-André Michaux parus de 1810 à 1813 et illustrés de 45 planches en couleur.

Enfin c'est en 1817 que paraît l'ouvrage qui fit sa célébrité « Les Roses » dont la publication s'étale jusqu'en 1824, édition grand format illustré de 162 planches aquarellées. Dans son avant-propos, Redouté parle d'un procédé qu'il a inventé en 1796 pour imprimer les planches en couleur. Ce procédé consistait « à faire graver la fleur sur une planche, une fois gravée on plaquait sur chaque feuille la couleur indiquée par le peintre, ceci fait la planche passait au tirage et enfin chaque feuille, chaque fleur, chaque détail était exécuté au pinceau sous les yeux du maître. »

Après ces séries d'ouvrages, Redouté professeur de dessin au Muséum depuis 1822 possède une réputation établie. Il va encore publier de 1827 à 1833 « Choix des plus belles fleurs et des plus beaux fruits », chez Panckoucke avec 144 planches en couleur, dédiées aux filles de Louis-Philippe. Citons encore « Collections des jolies petites fleurs choisies parmi les plus gracieuses productions de ce genre » en 1835, puis en 1836 « Choix de 60 roses dédiées à la reine des Belges », la princesse Louise d'Orléans.

Mais cet artiste, ce peintre qui avait eu pour élève Marie-Antoinette, Joséphine Bonaparte, Hortense de Beauharnais, Marie-Louise, la duchesse du Barry, la reine Amélie, connaît de sérieuses difficultés financières. Il en est réduit à vendre « ses tableaux, son argenterie et une partie de ses meubles ». Il meurt subitement à plus de 80 ans d'une congestion cérébrale le 19 juin 1840. Ses obsèques ont lieu en l'église de Saint-Germain-des-Prés le 22 juin ; il est inhumé au cimetière du Père-Lachaise (28e division, 5e ligne).

Cet artiste incomparable au rare talent était un parfait botaniste qui savait apporter à ses peintures toute sa sensibilité et une extraordinaire fidélité dans la représentation des fleurs, des feuilles ou des fruits. « C'était un très grand botaniste, un jardinier accompli, son portefeuille lui servait d'herbier, il y plaçait la fleur brillante et parée... elle gardait la goutte d'eau ou l'insecte doré qui vivait dans son calice. » Il était le « peintre des miracles de tous les jours ».

Monique Ducreux
Conservateur en chef au
Muséum national d'Histoire naturelle de Paris

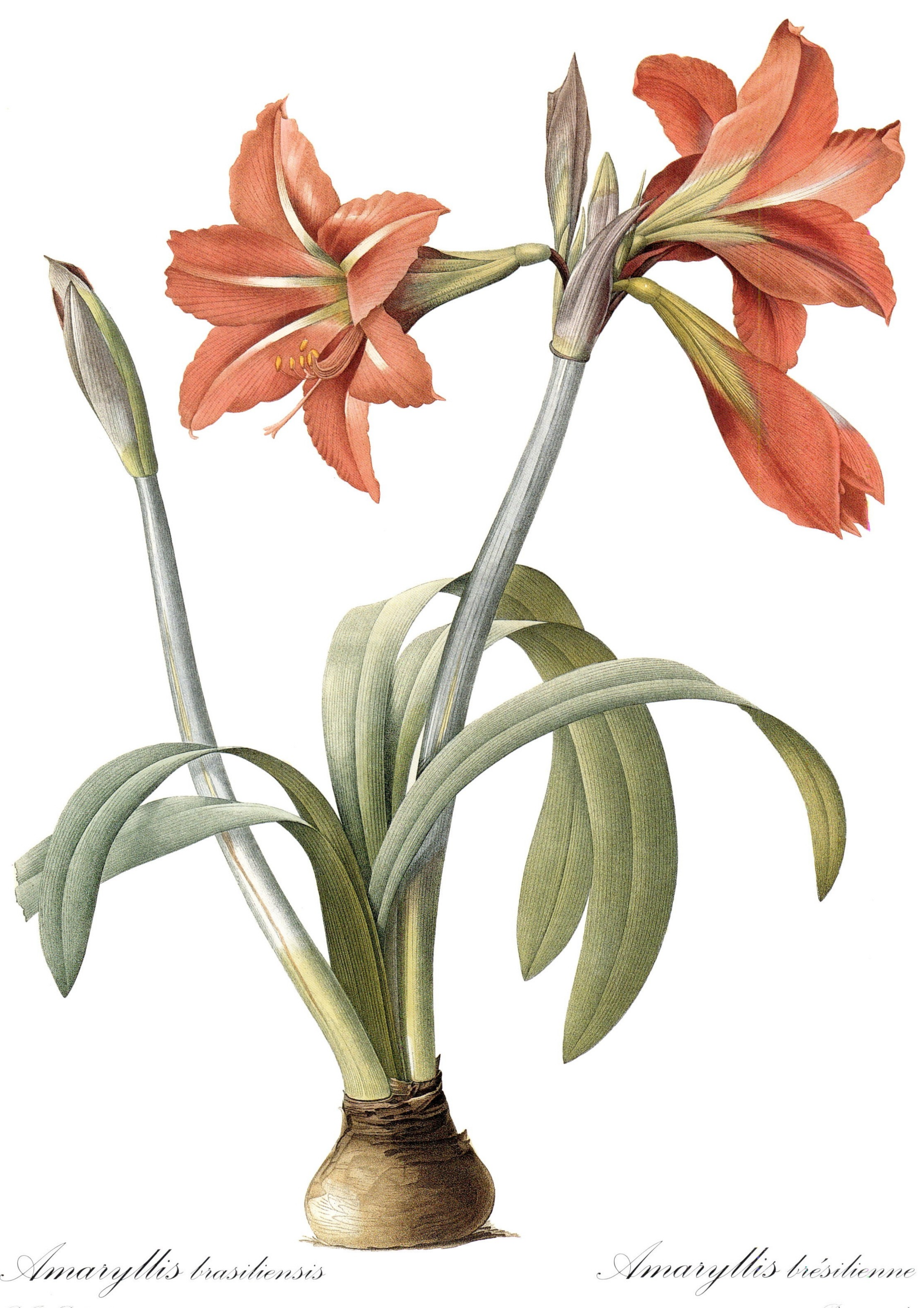

Amaryllis brasiliensis — *Amaryllis brésilienne*

P. J. Redouté. — Bessin sculp.

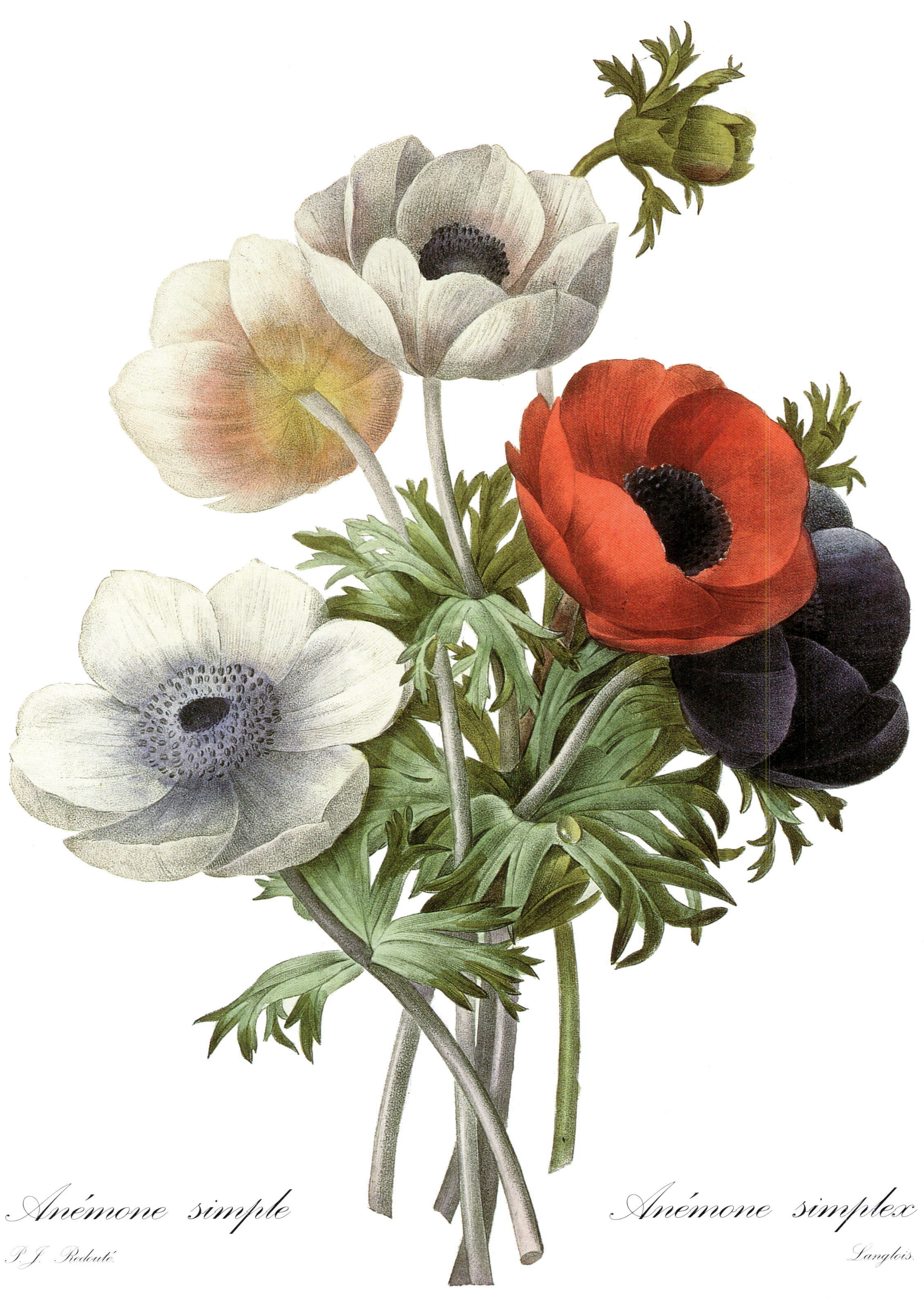

Anémone simple *Anémone simplex*

P. J. Redouté. Langlois.

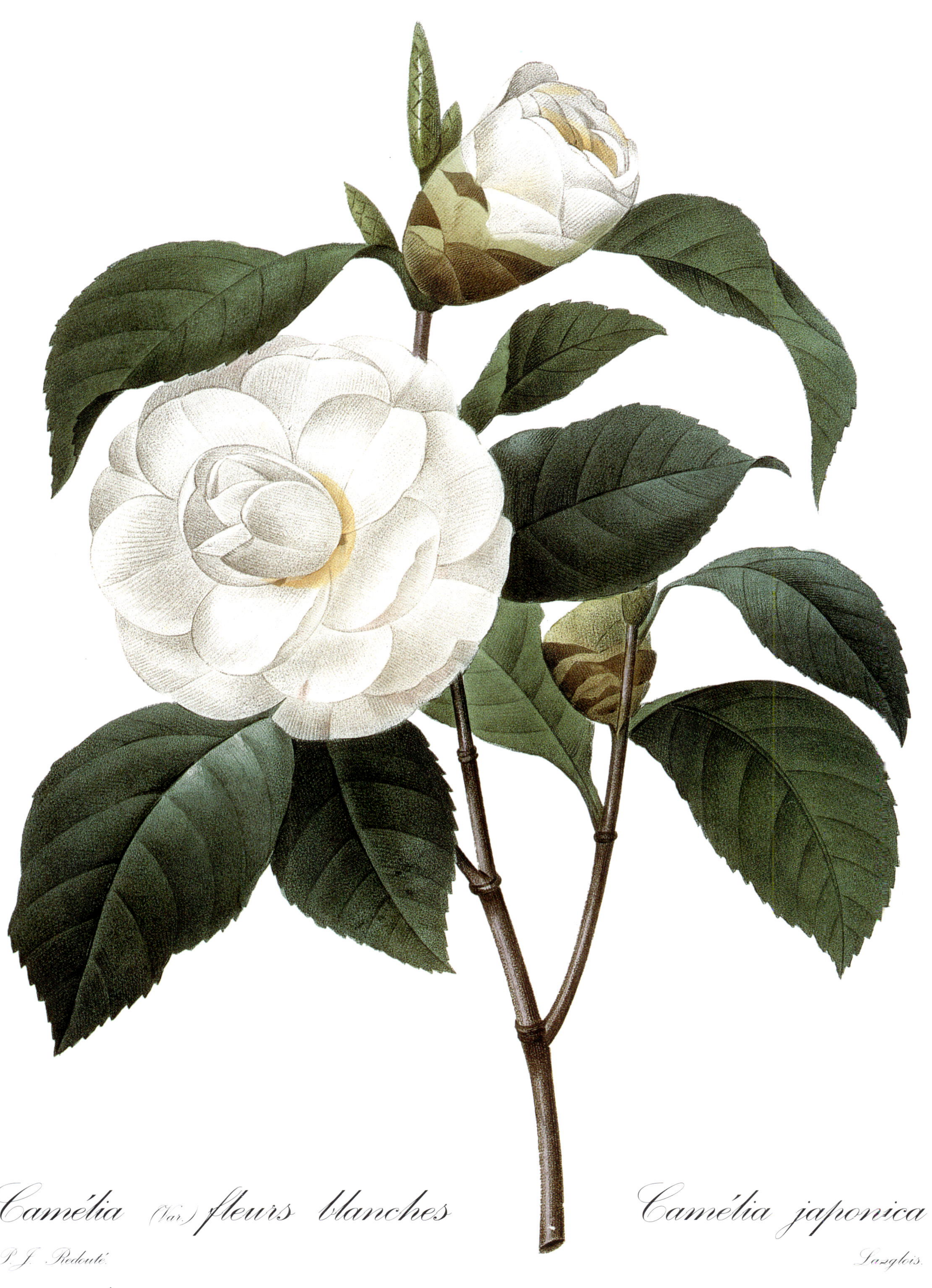

Camélia (Var.) fleurs blanches — *Camélia japonica*

P. J. Redouté — Langlois

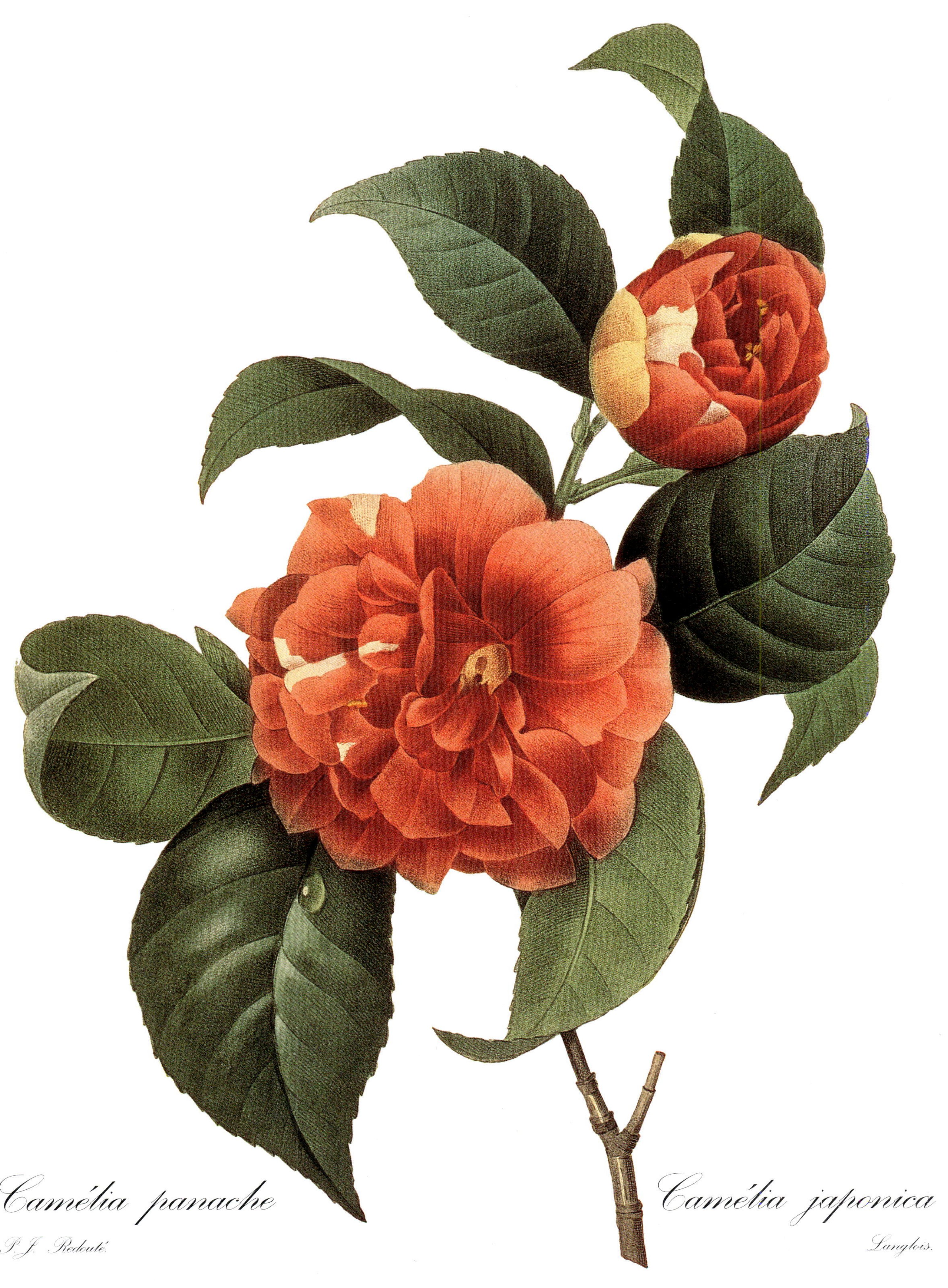

Camélia panache — *Camélia japonica*

P. J. Redouté. — Langlois.

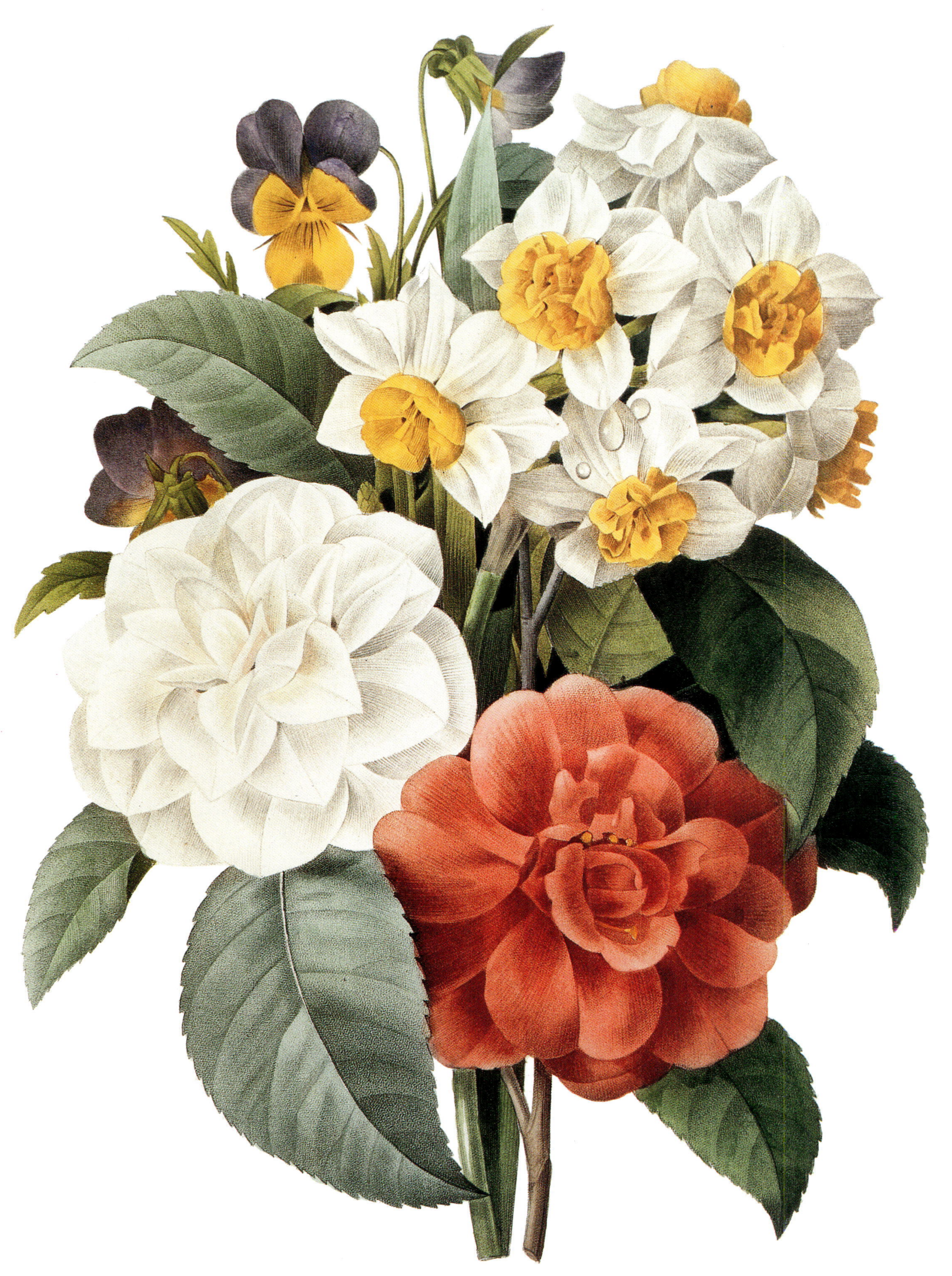

Bouquet de Camélias Narcisses et Pensées

P. J. Redouté. Victor.

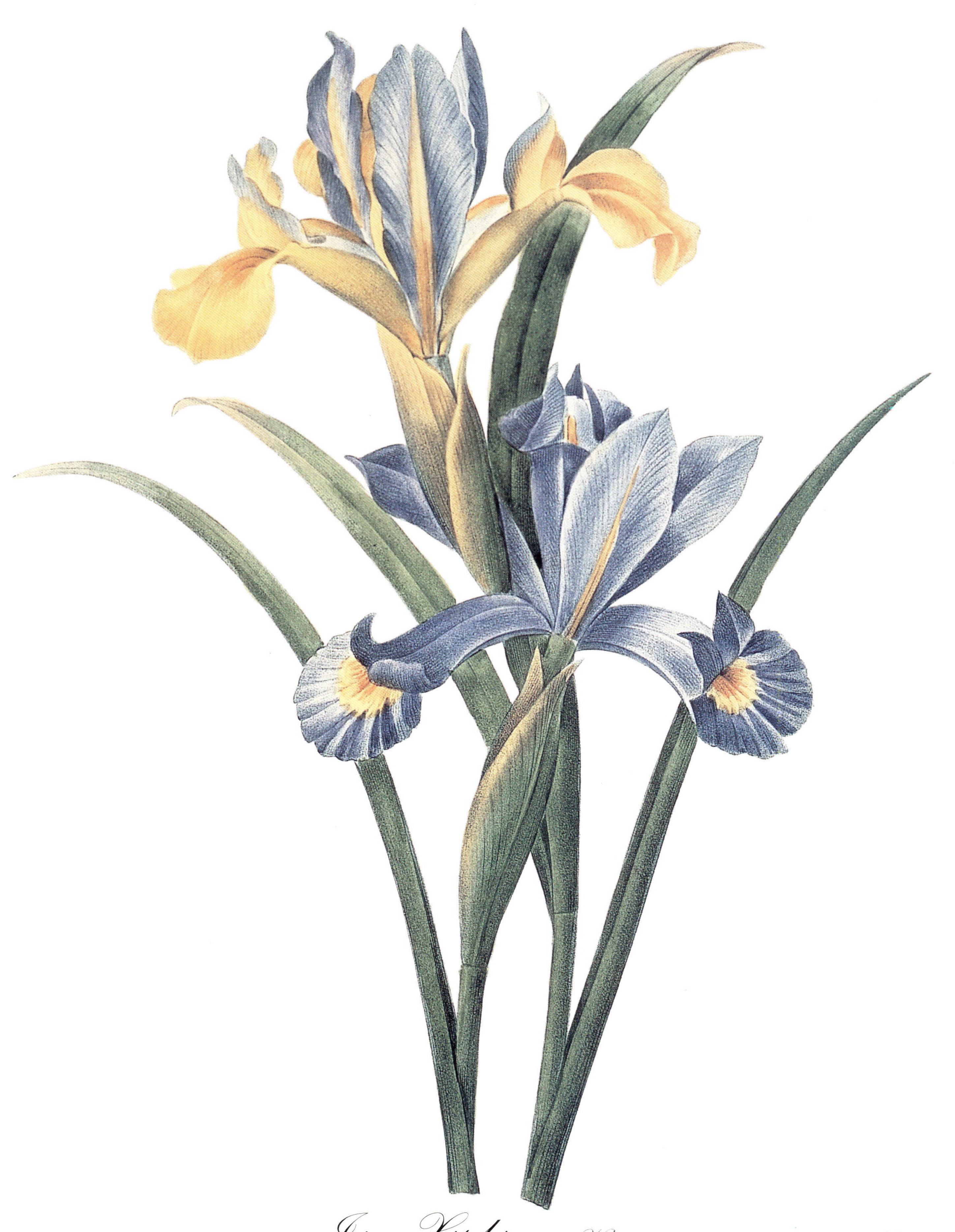

P. J. Redouté. *Iris Xiphium* Variété Langlois.

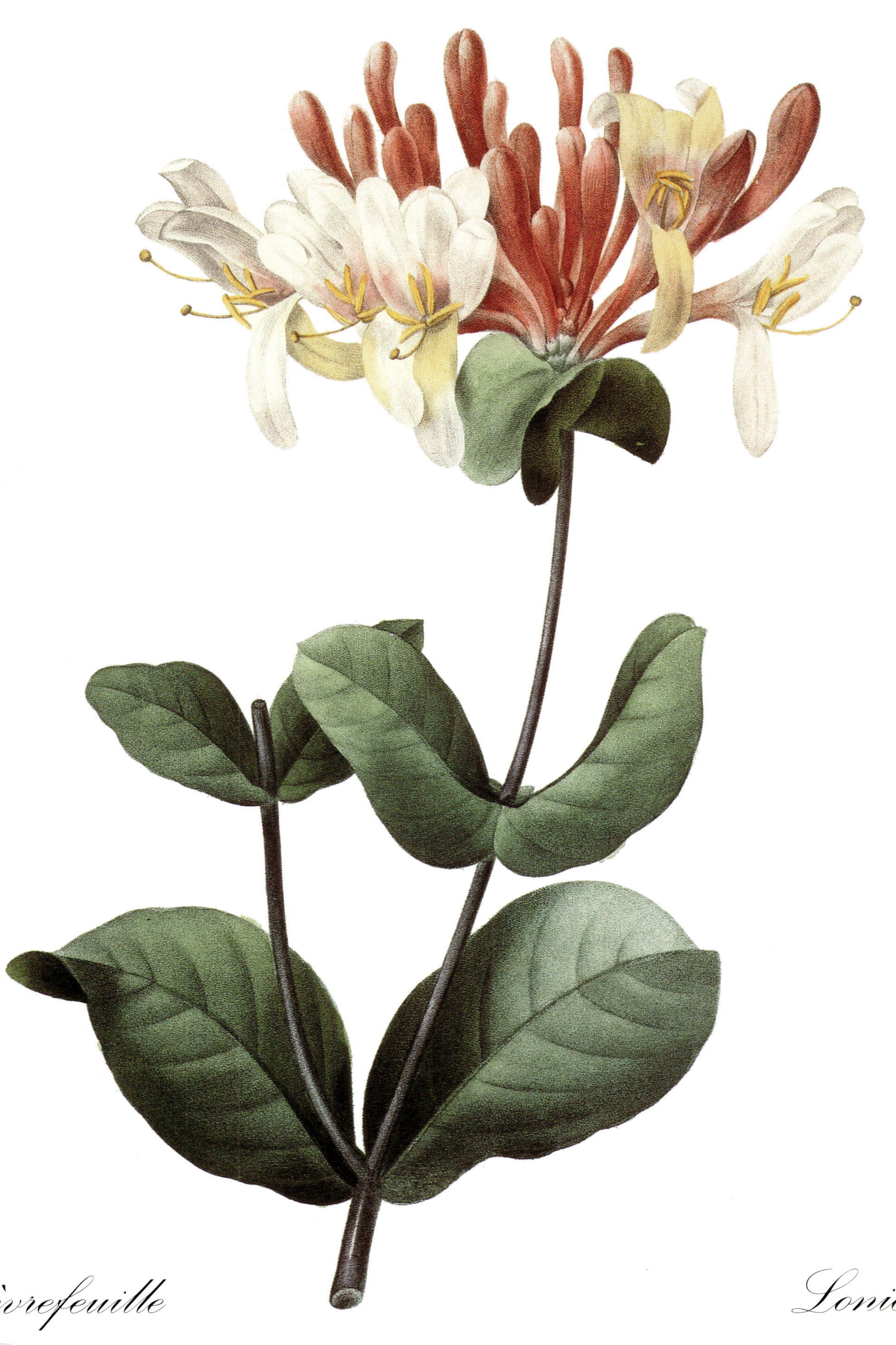

Chèvrefeuille *Lonicera*

P. J. Redouté. Victor.

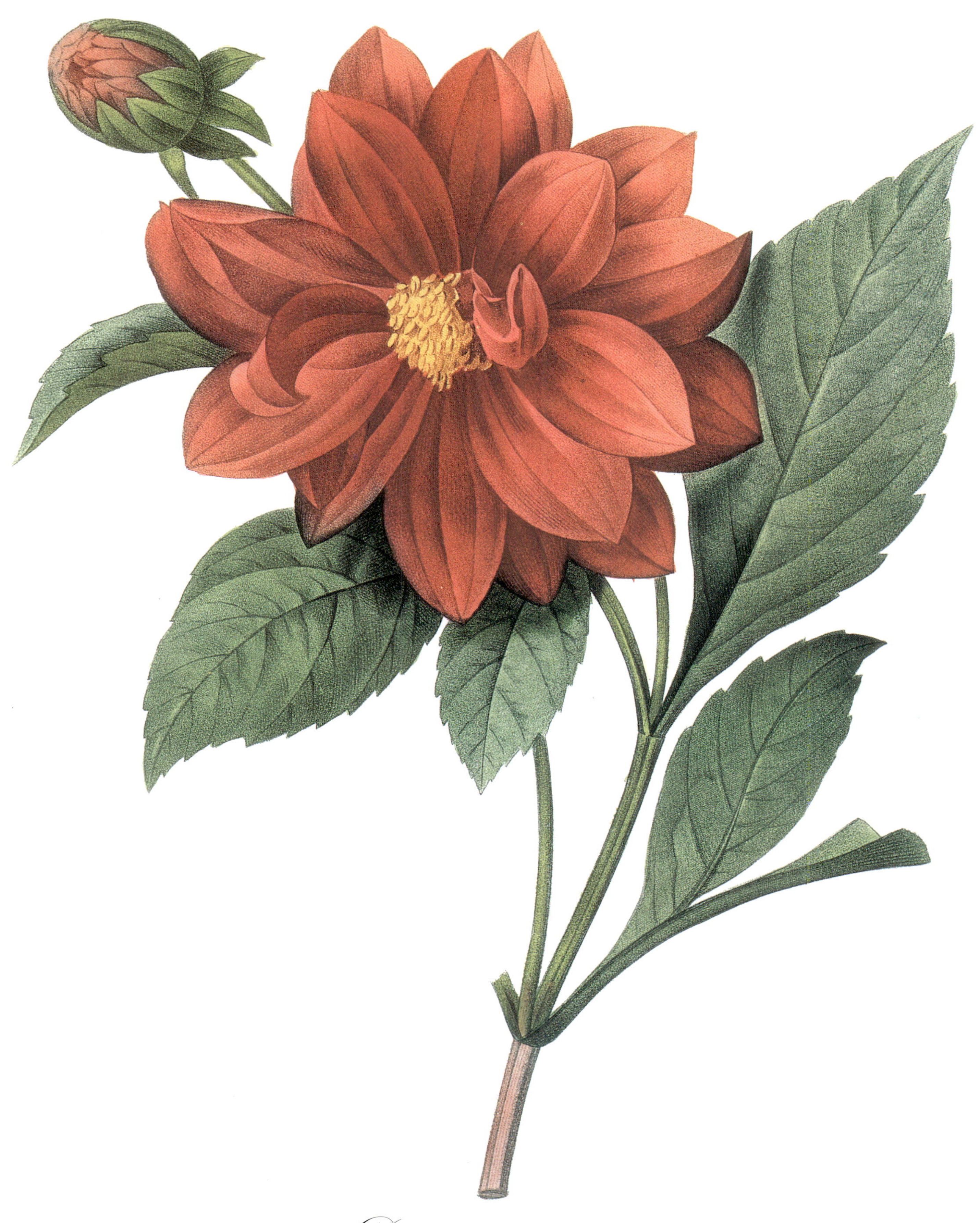

P. J. Redouté *Dahlia double* Langlois

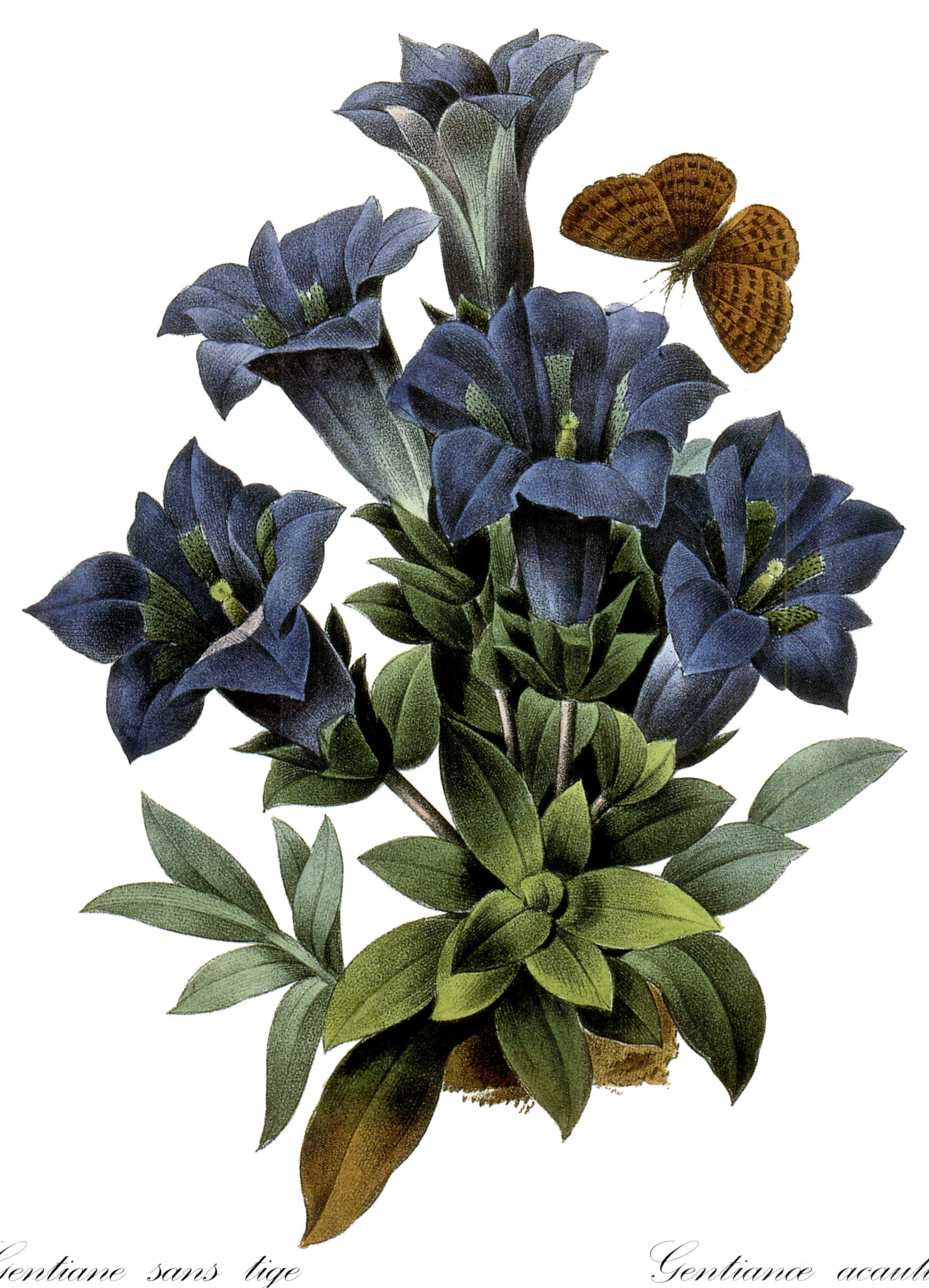

Gentiane sans tige *Gentianæ acaulis*

P. J. Redouté. Langlois.

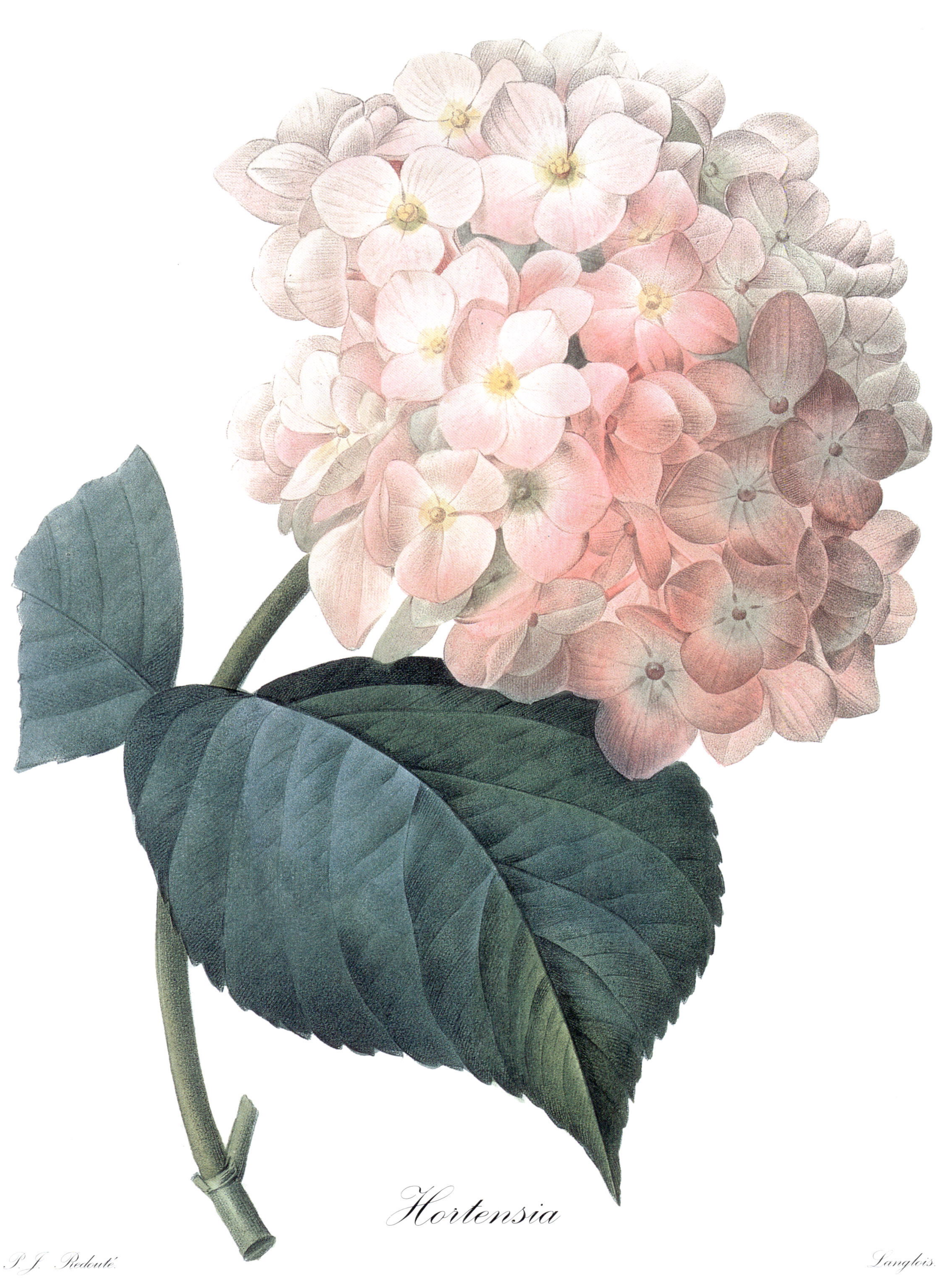

Hortensia

P. J. Redouté. Langlois.

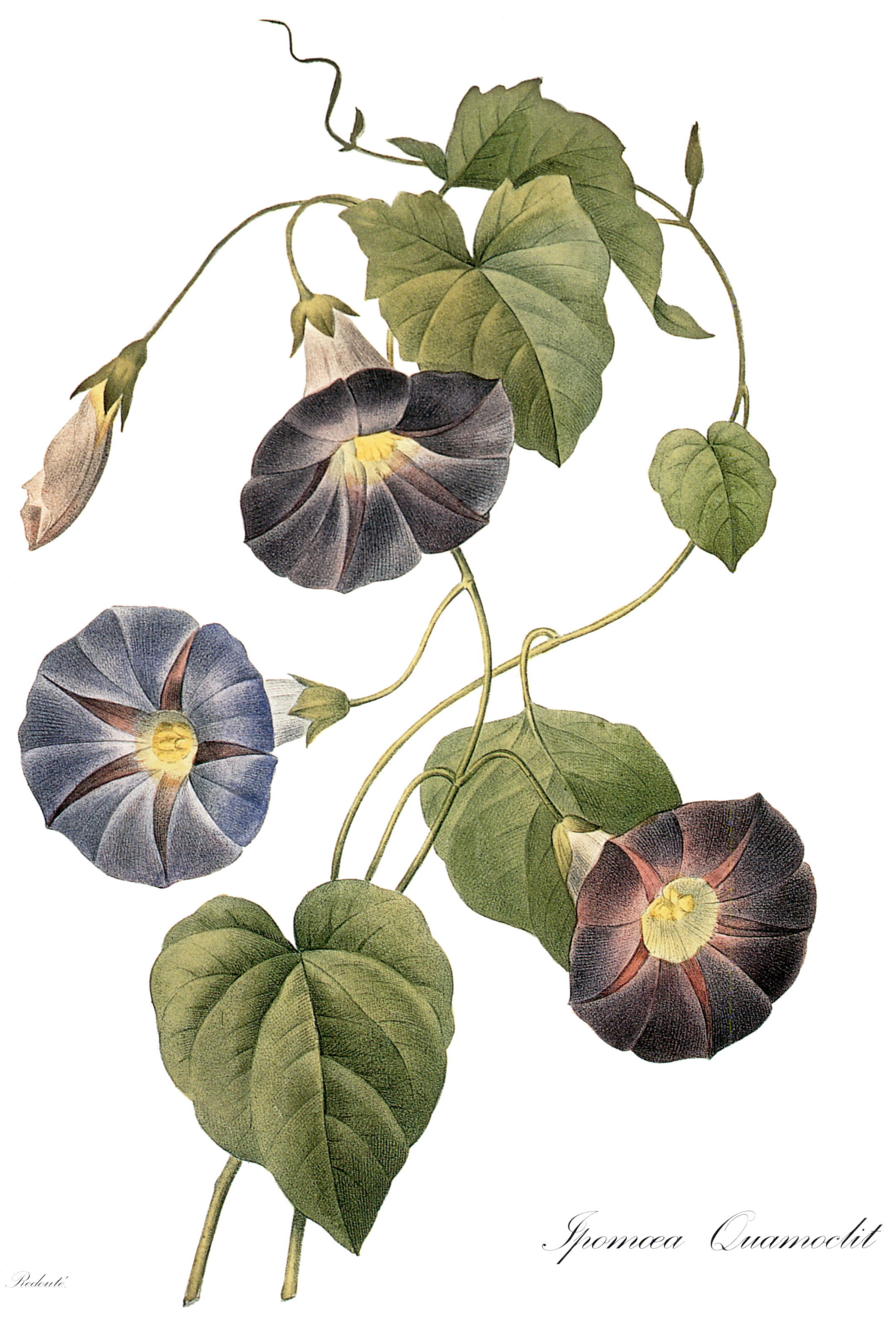

P.J. Redouté

Ipomœa Quamoclit

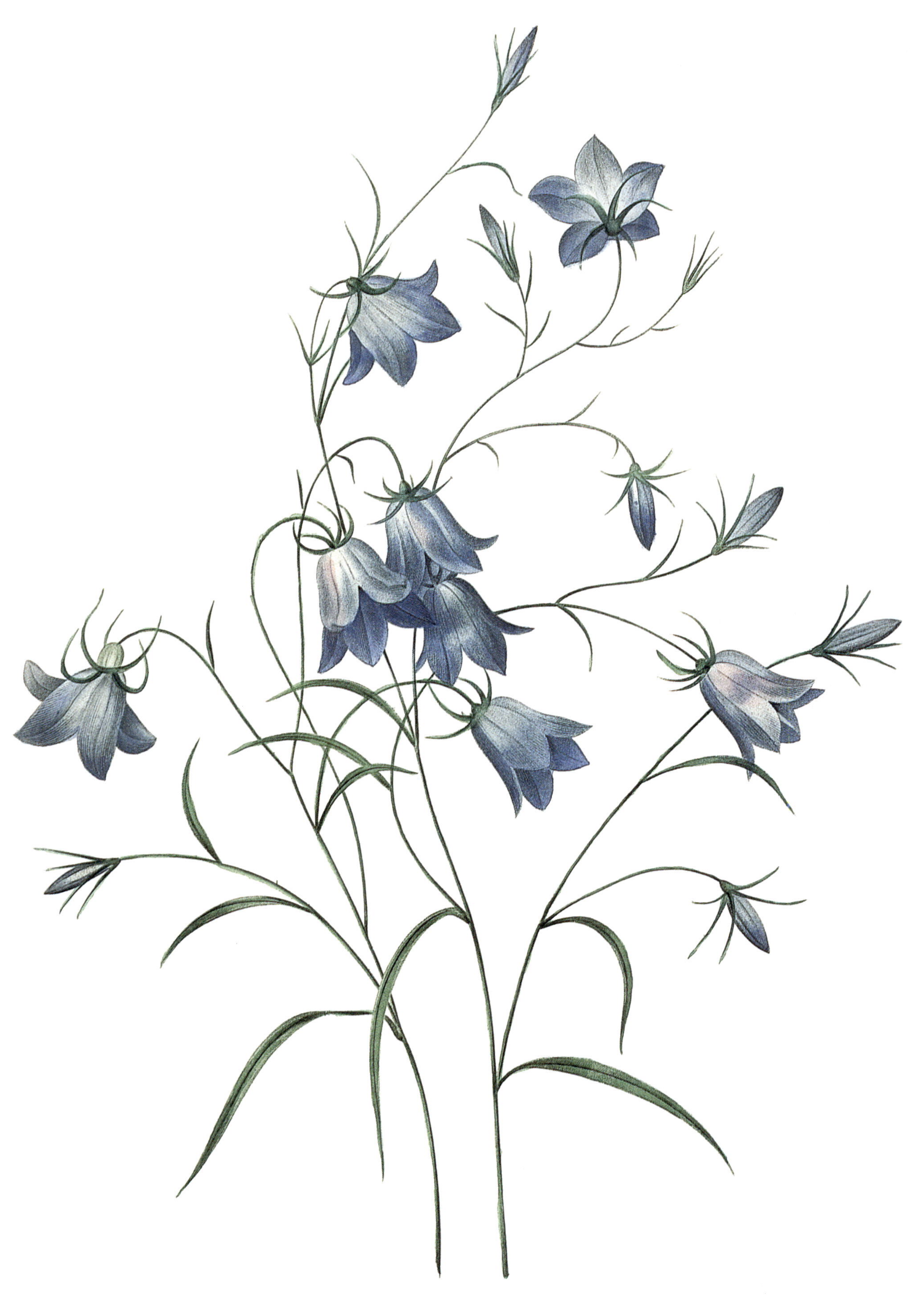

P. J. Redouté. *Campanule Clochette* Victor.

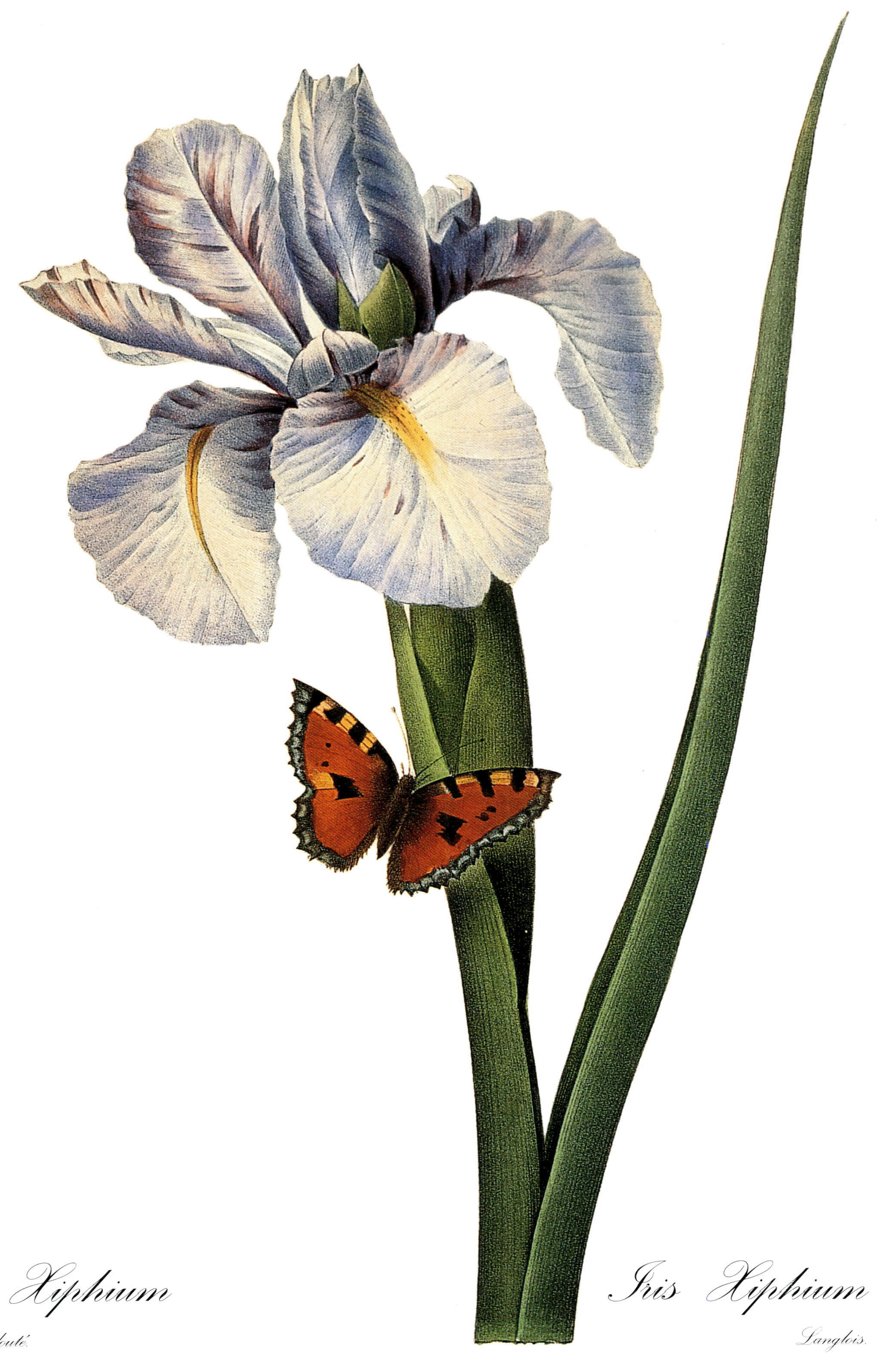
Iris Xiphium
P. J. Redouté.
Iris Xiphium
Langlois.

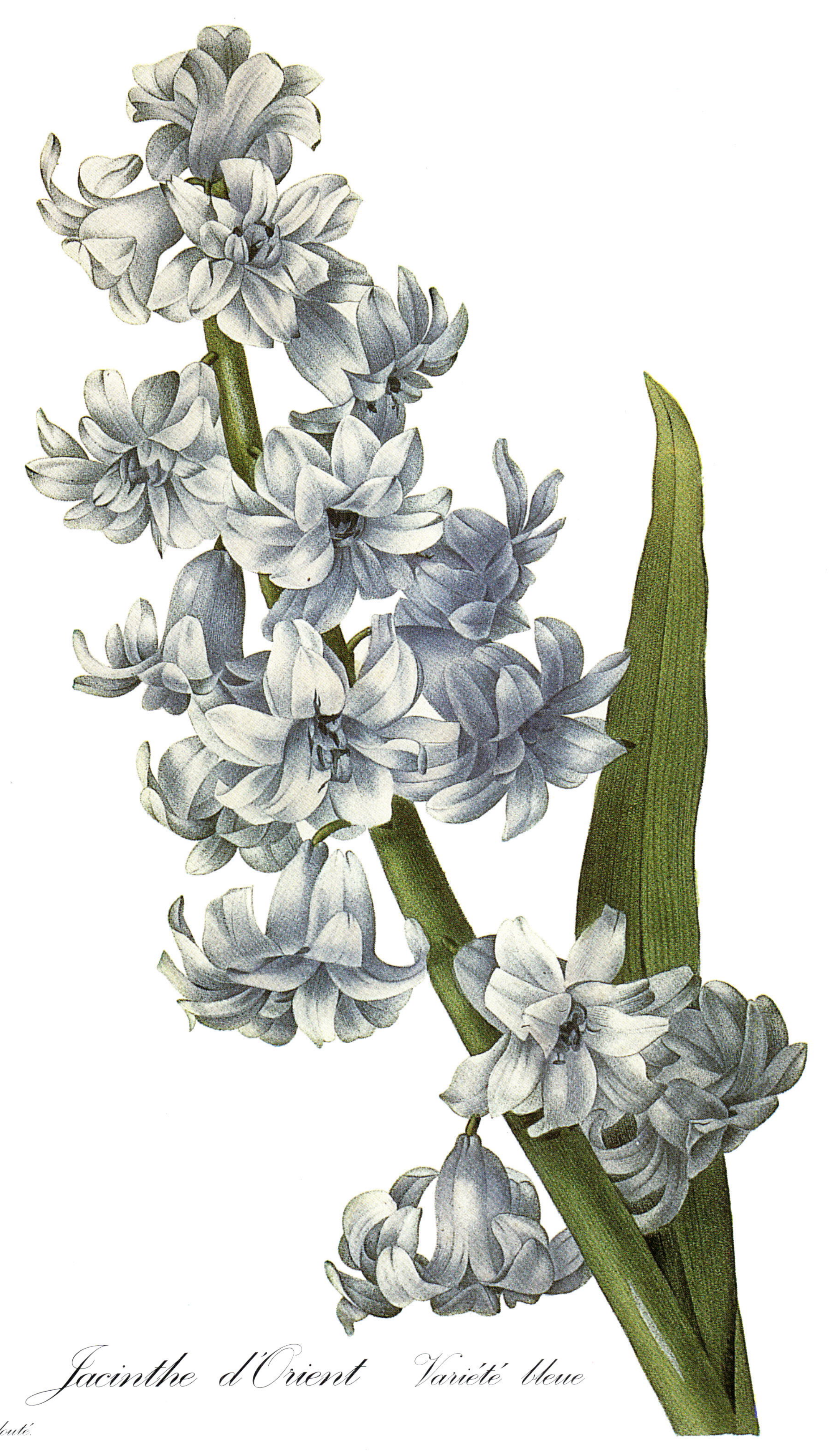

Jacinthe d'Orient Variété bleue

P. J. Redouté. Victor.

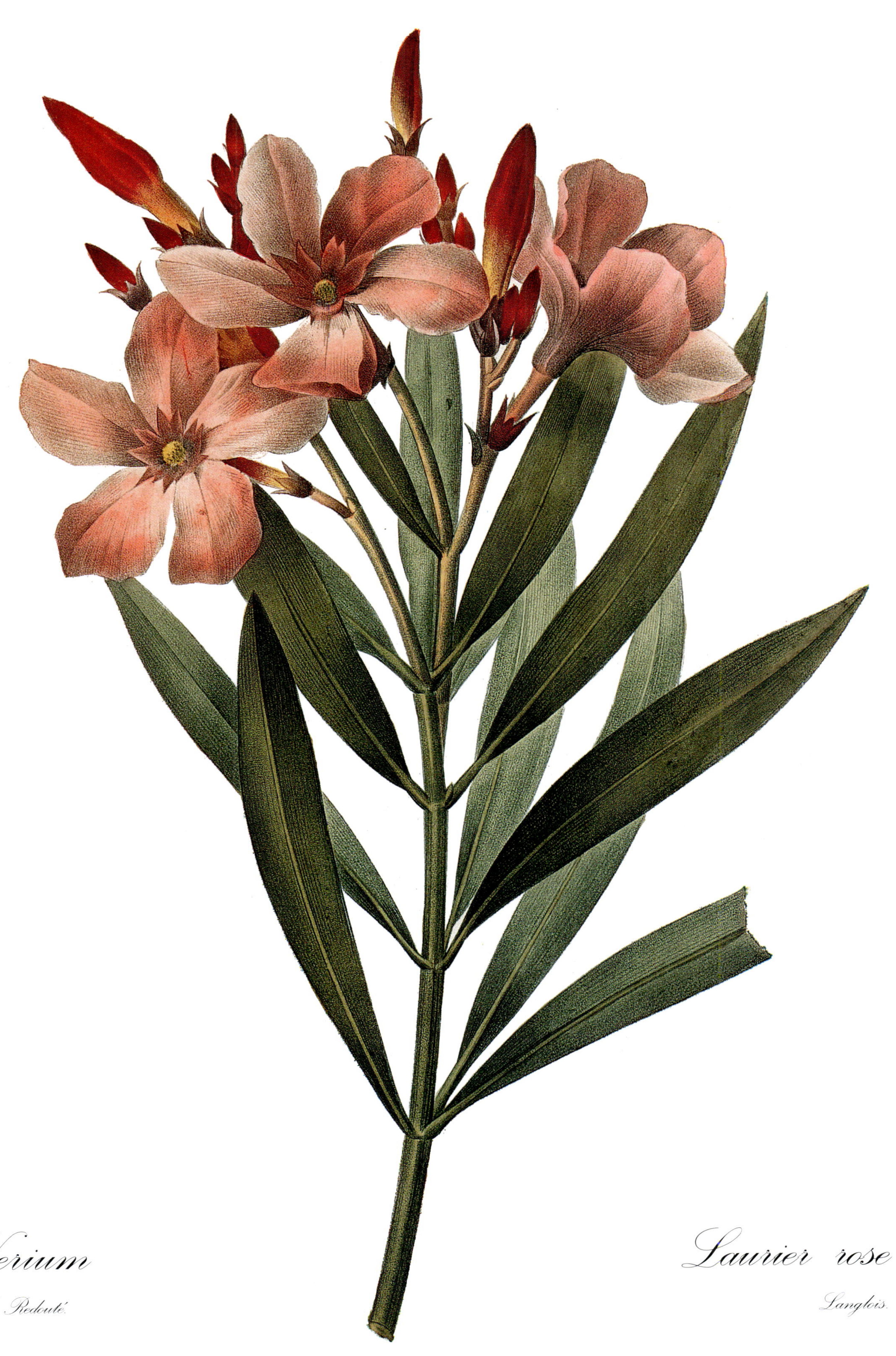

Nerium — *Laurier rose*

P. J. Redouté. — Langlois.

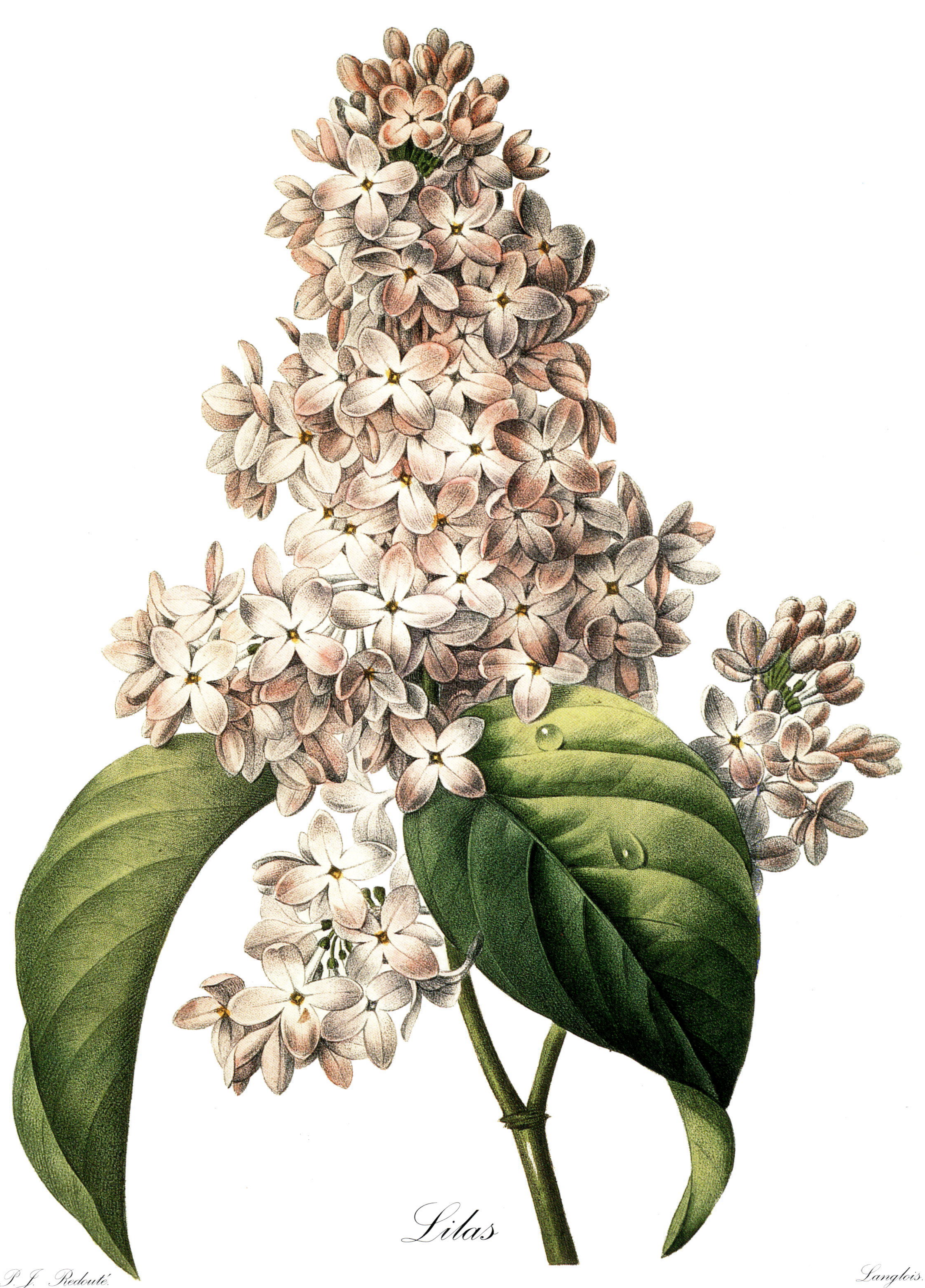

Lilas

P. J. Redouté. *Langlois.*

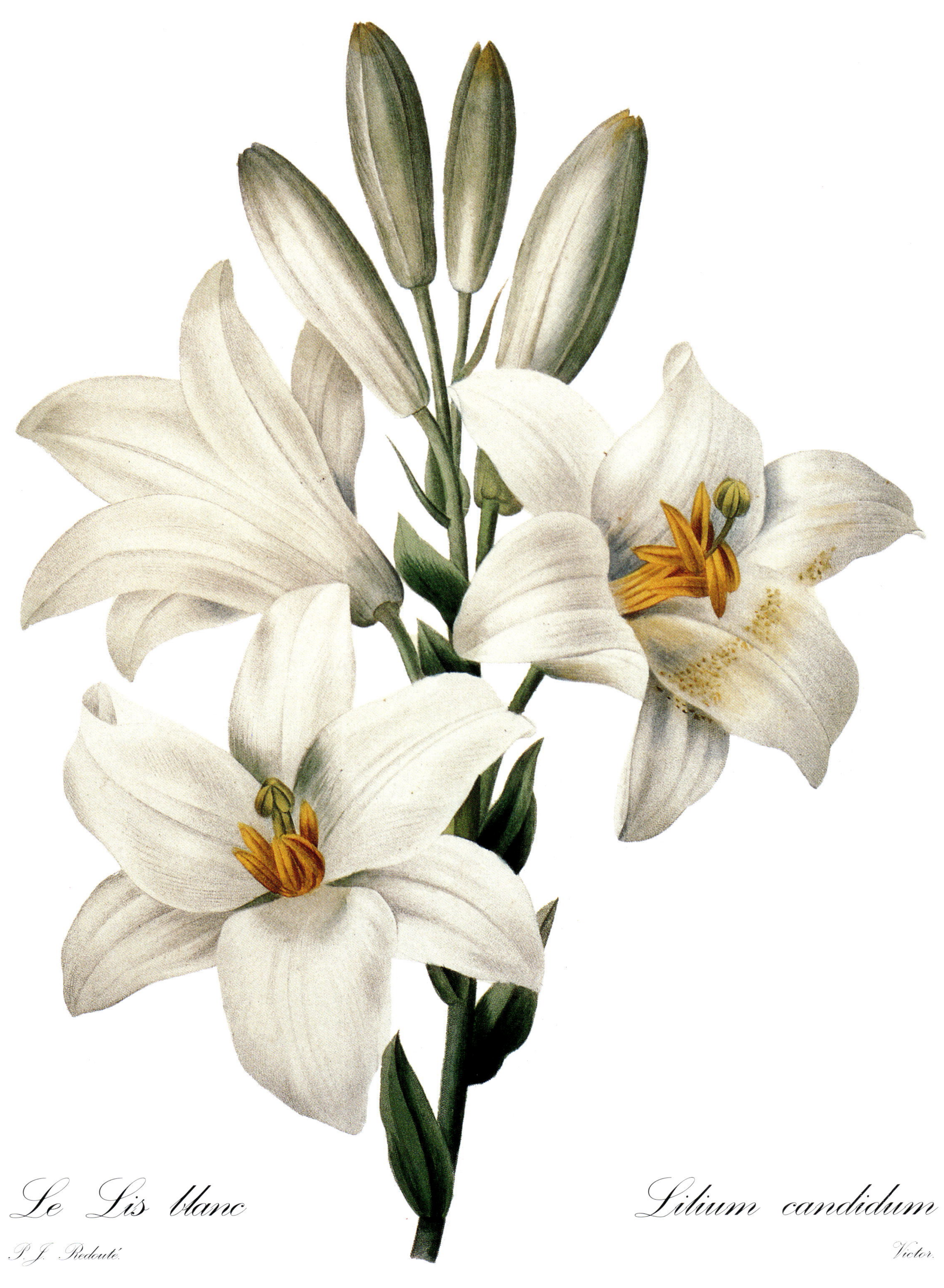

Le Lis blanc — *Lilium candidum*

P. J. Redouté — Victor.

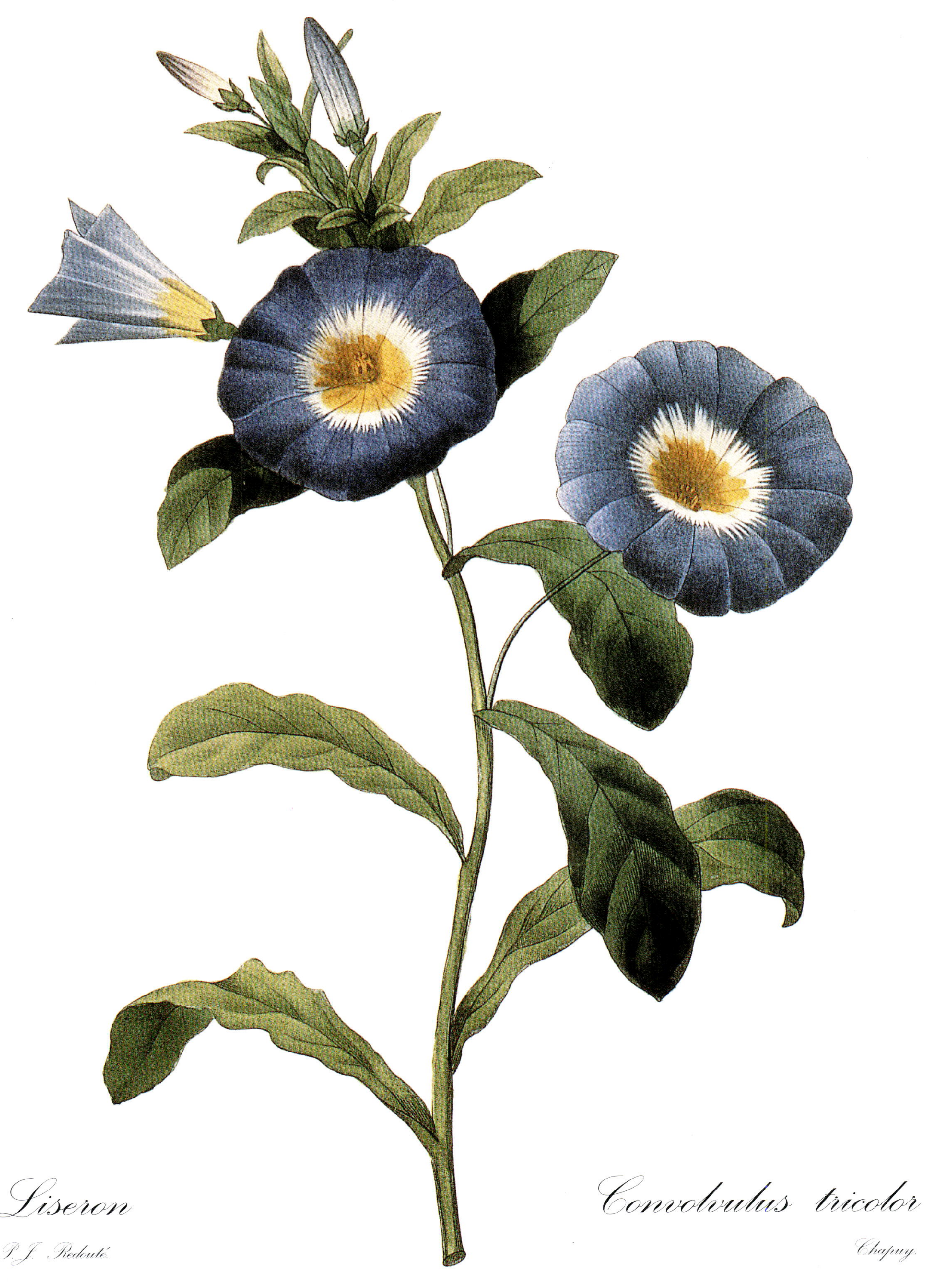
Liseron
Convolvulus tricolor
P. J. Redouté.
Chapuy.

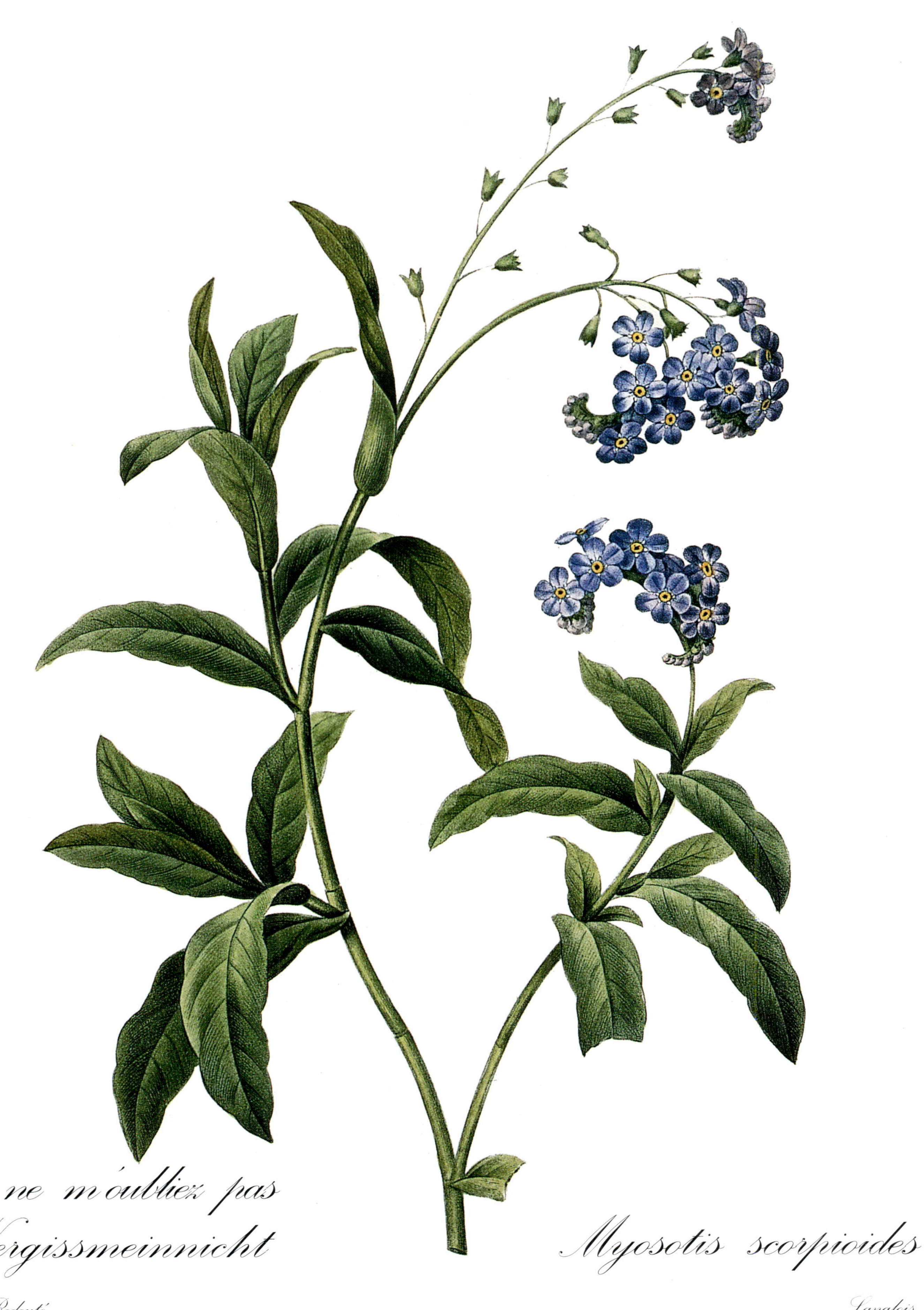

Le ne m'oubliez pas
ou Vergissmeinnicht

Myosotis scorpioides

P. J. Redouté — Langlois

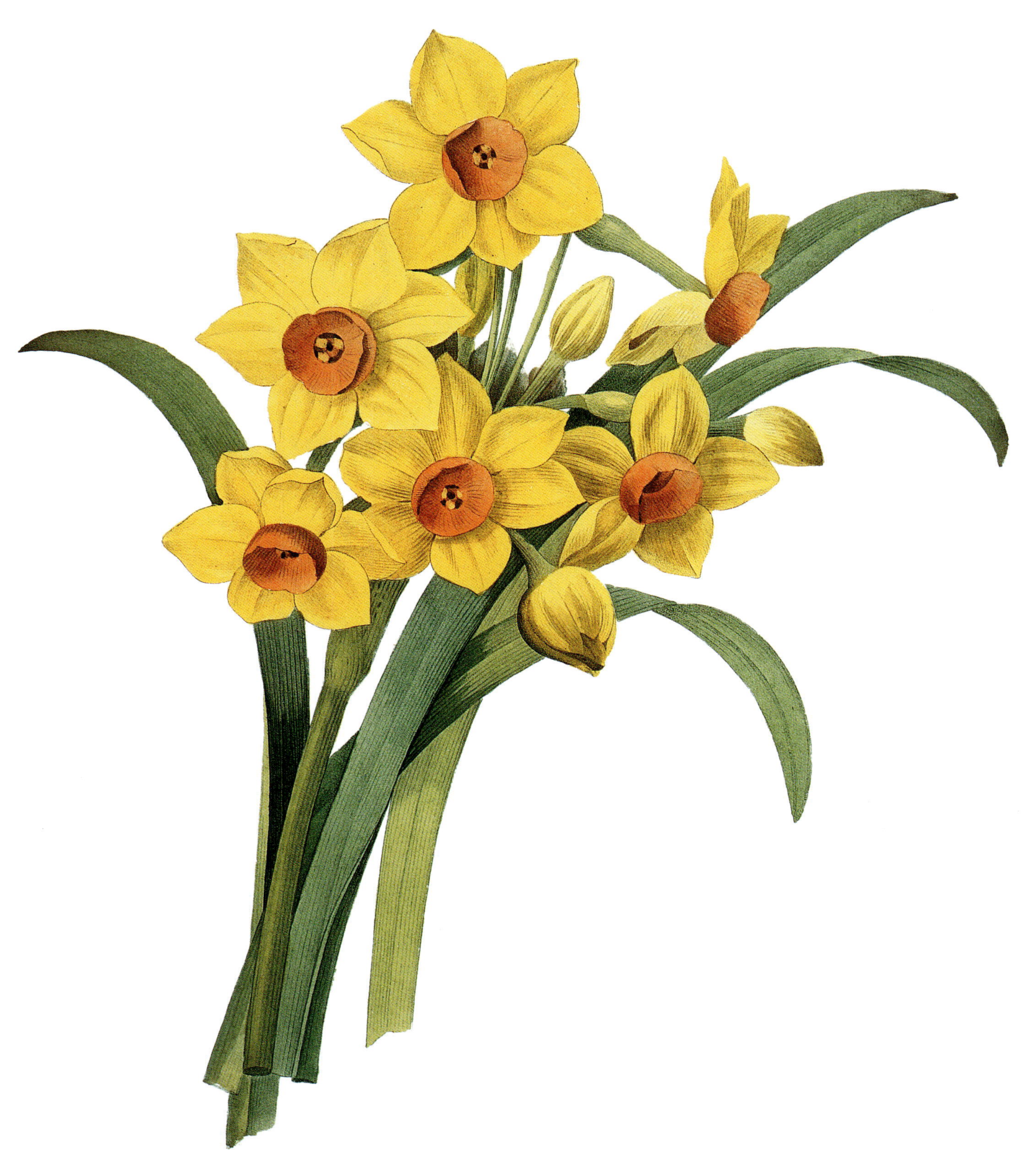

Narcisse à plusieurs fleurs *Narcissus tazetta*

P. J. Redouté

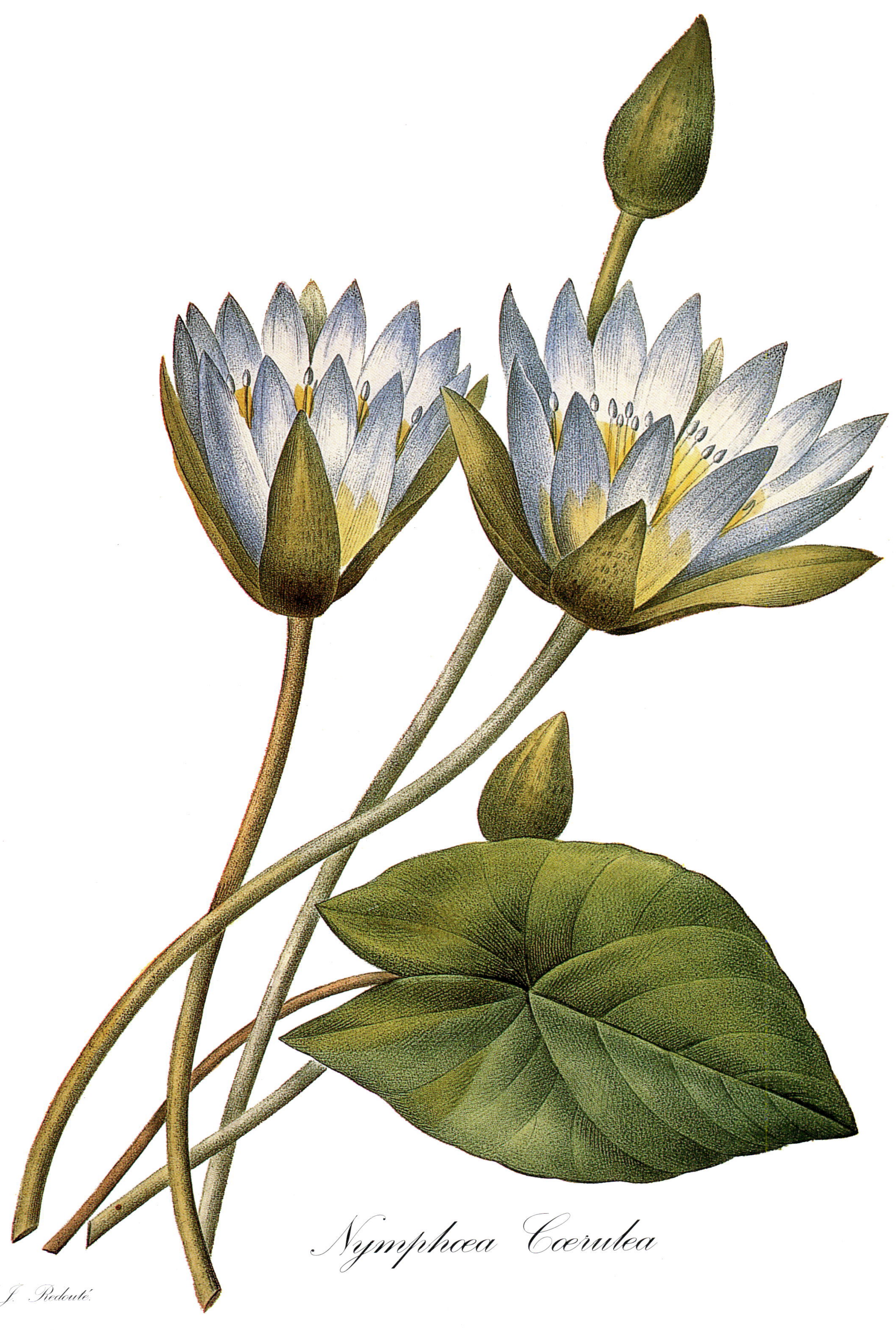

Nymphœa Cœrulea

P. J. Redouté.

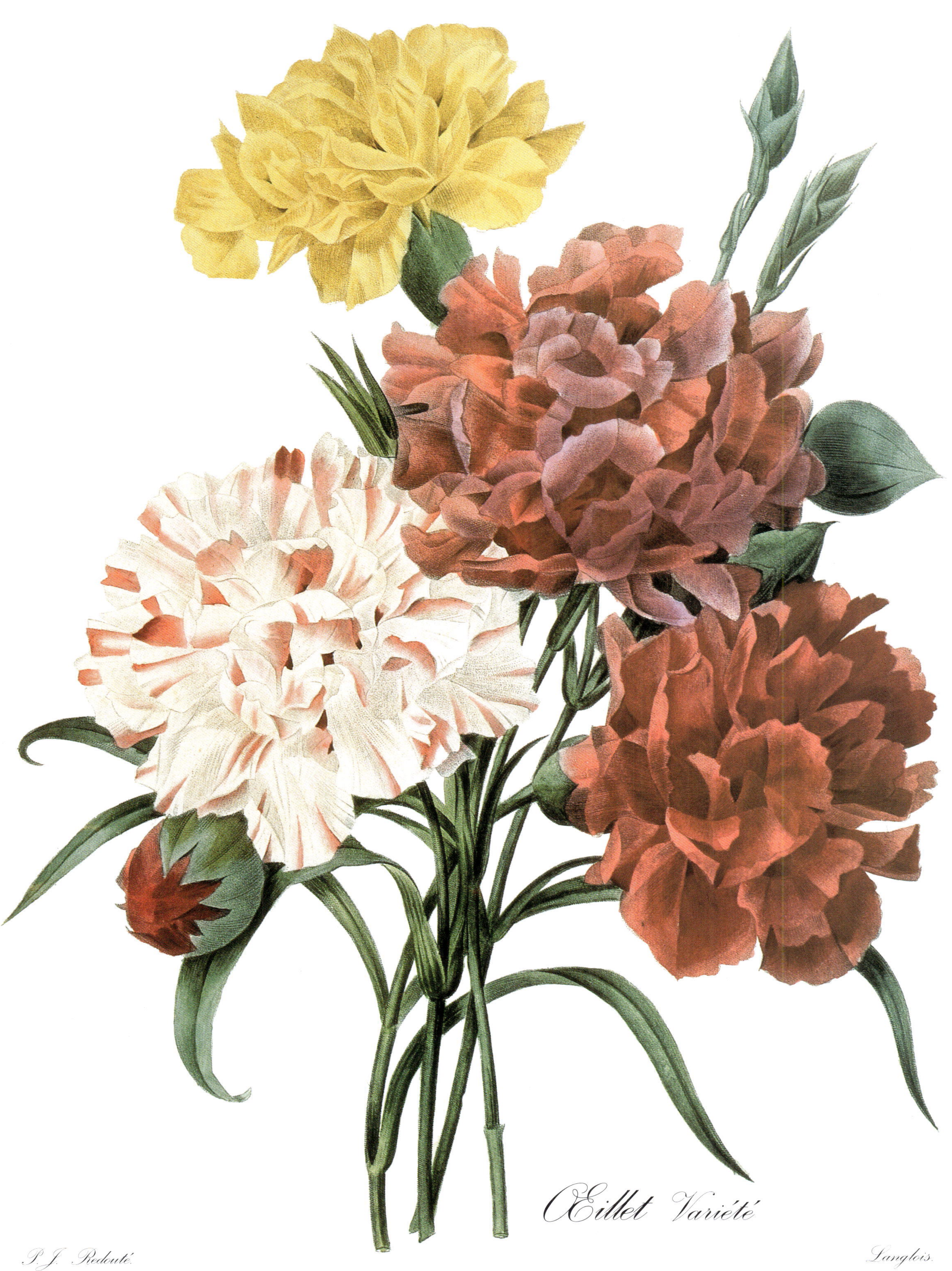

Œillet Variété

P. J. Redouté. Langlois.

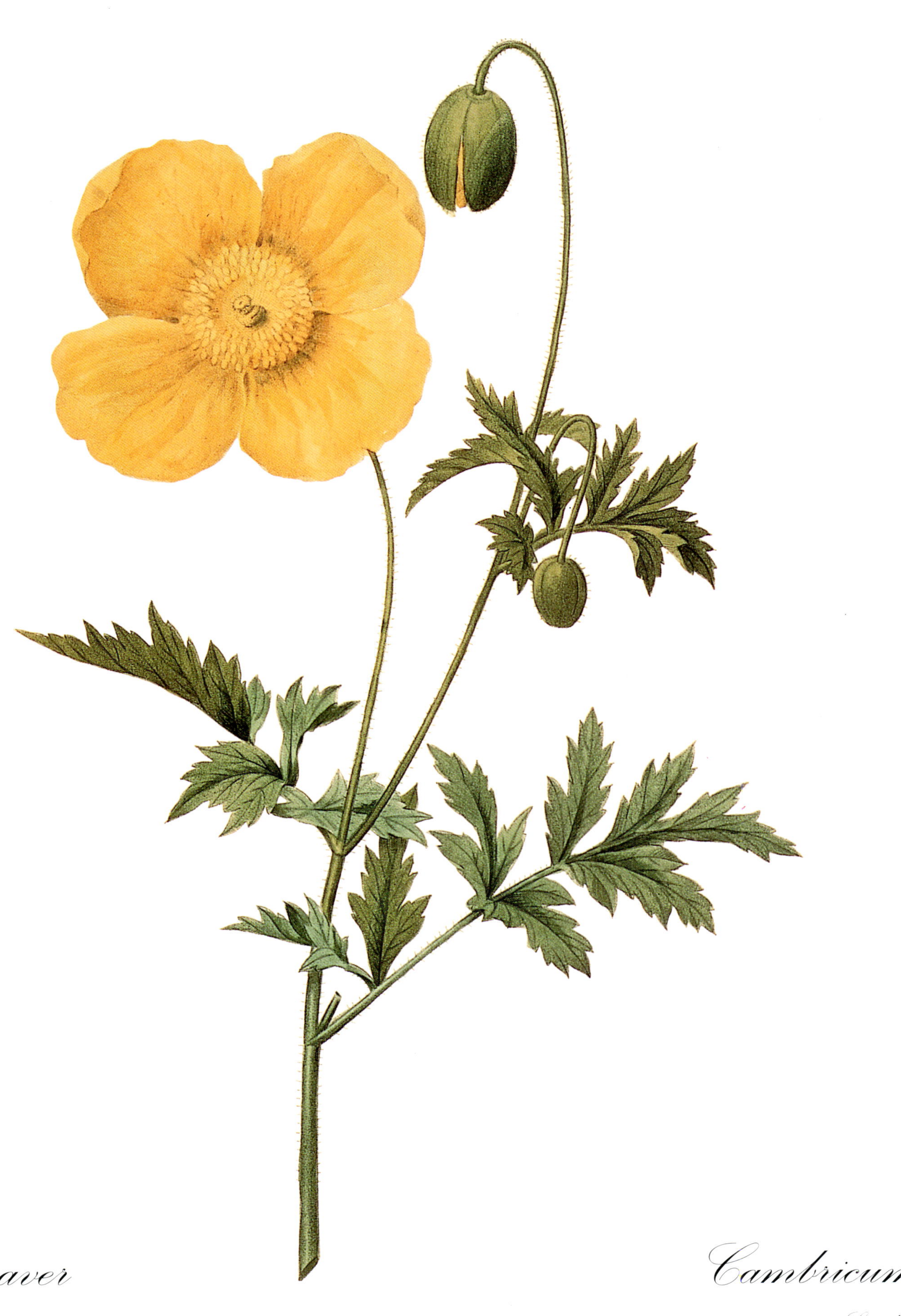

Papaver *Cambricum*

P. J. Redouté Langlois.

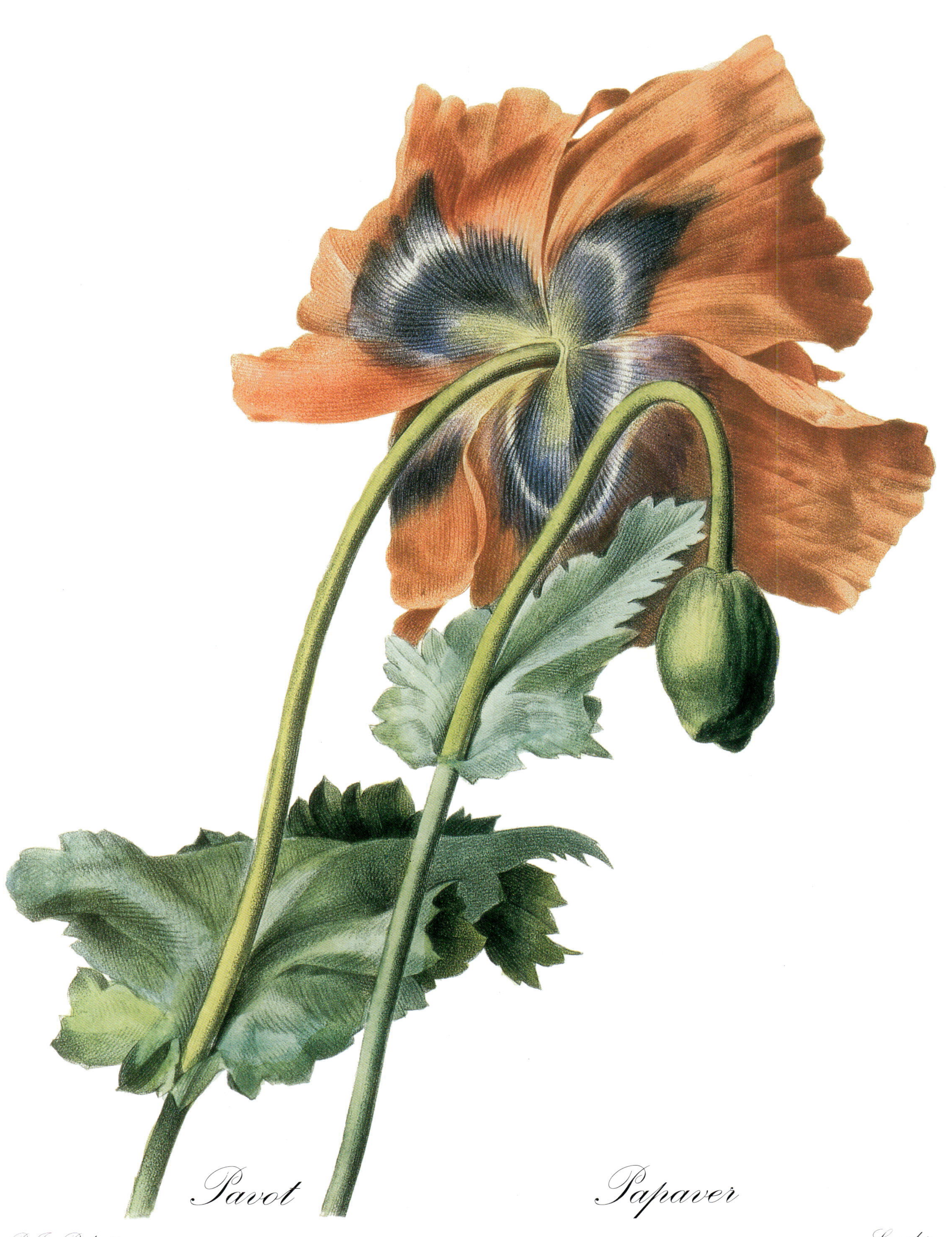

Pavot *Papaver*

P. J. Redouté. *Langlois.*

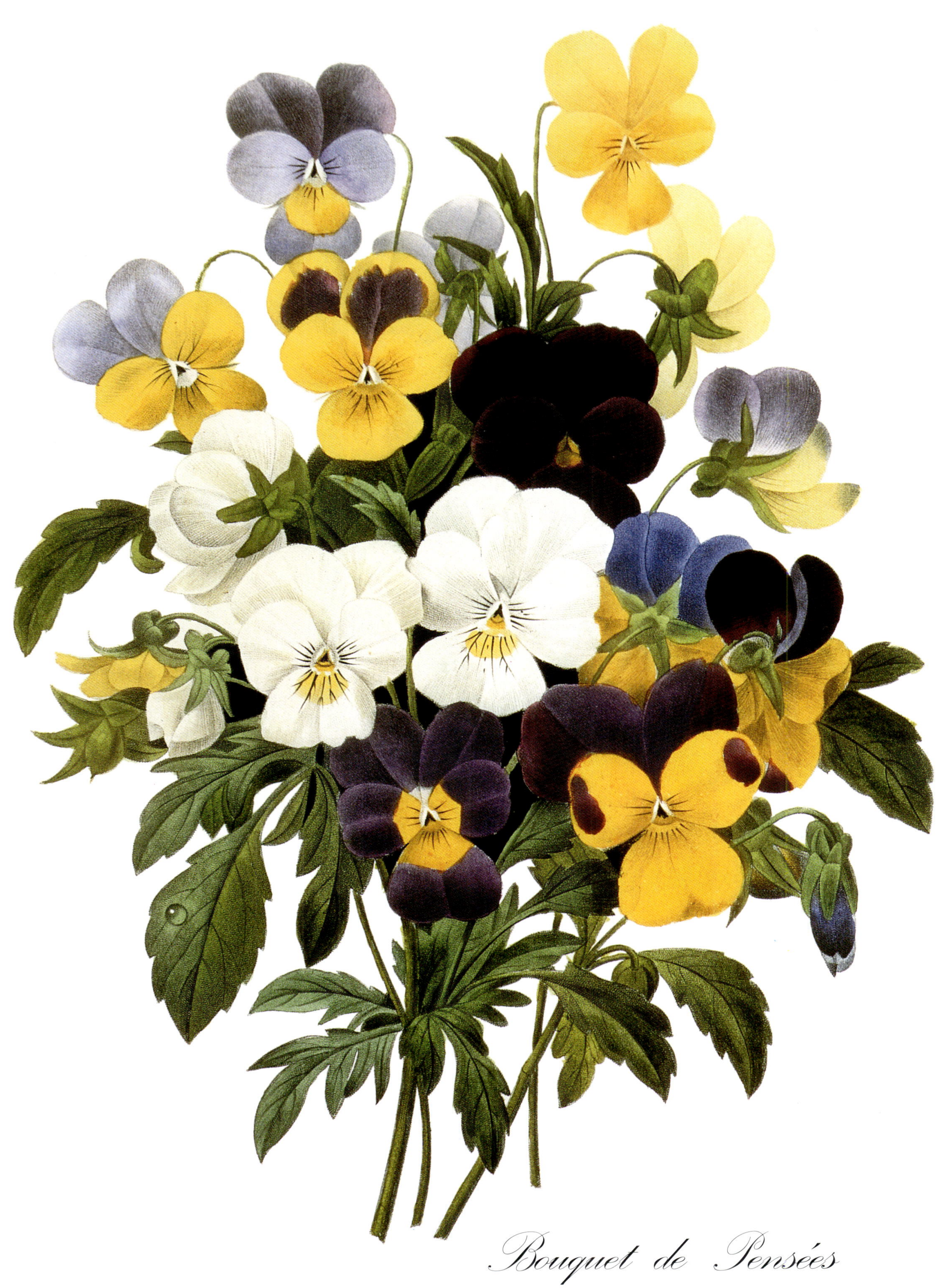

Bouquet de Pensées

P. J. Redouté. Victor.

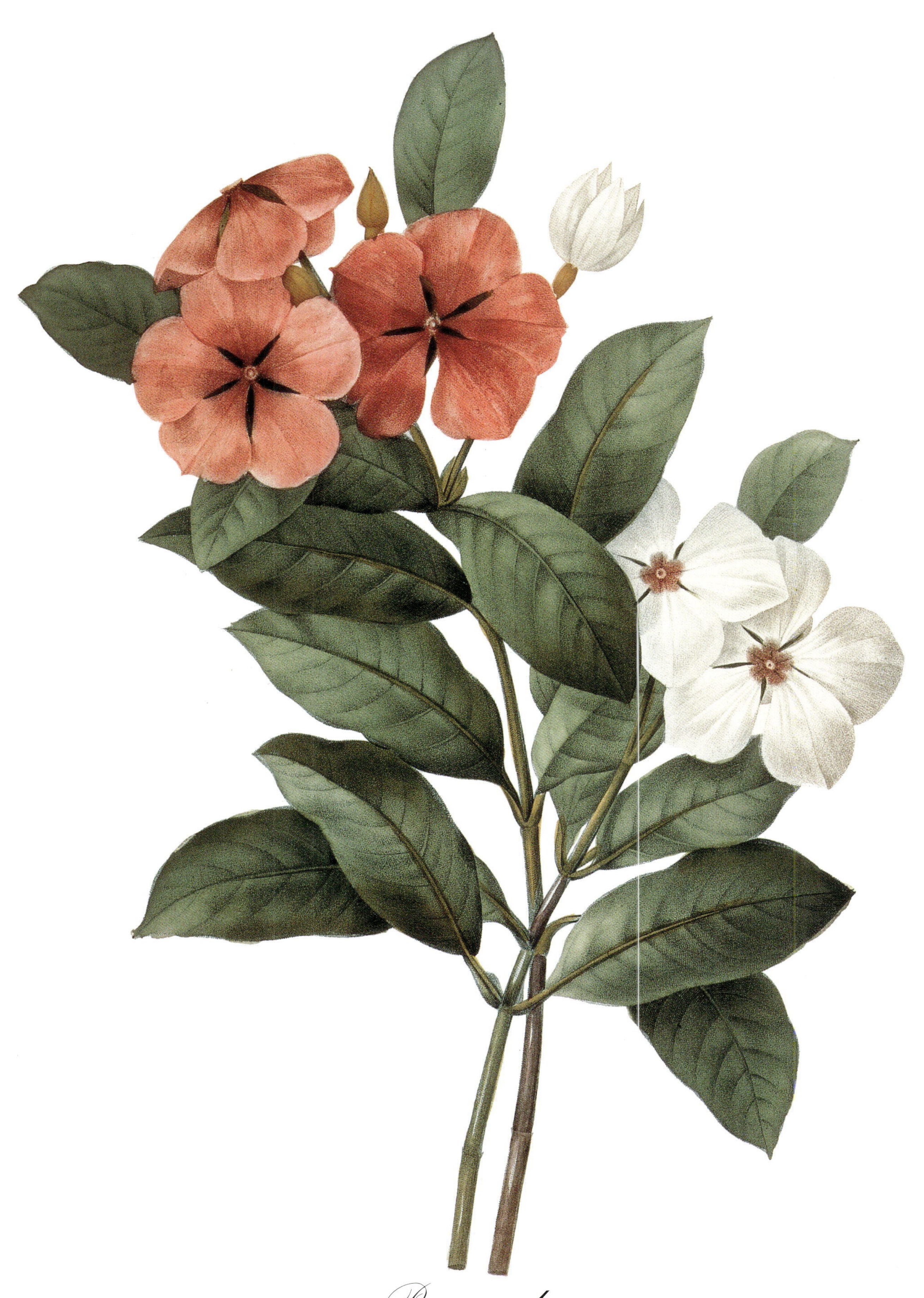

P. J. Redouté.

Pervenche

Victor.

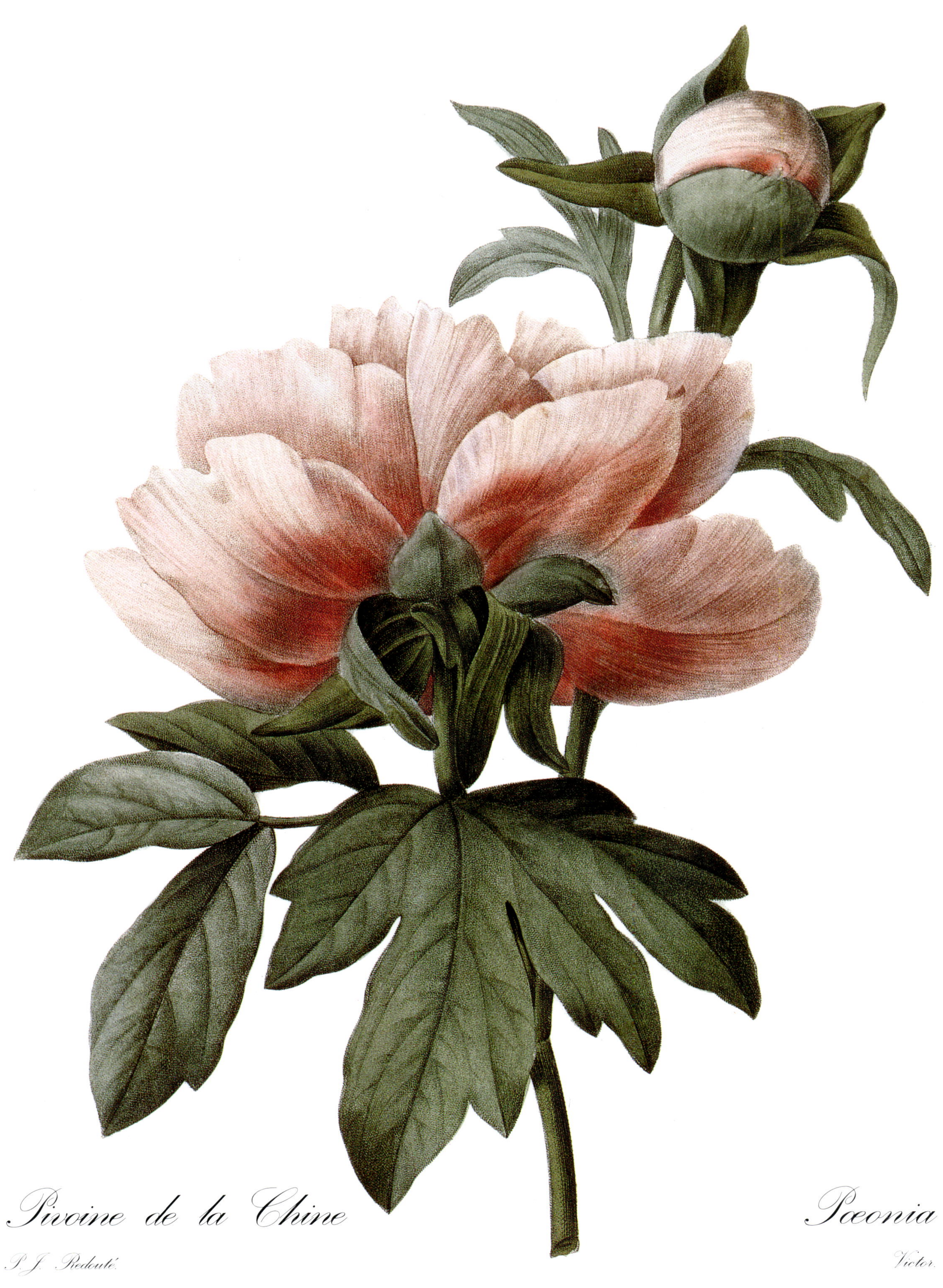

Pivoine de la Chine — *Pœonia*

P. J. Redouté. — *Victor.*

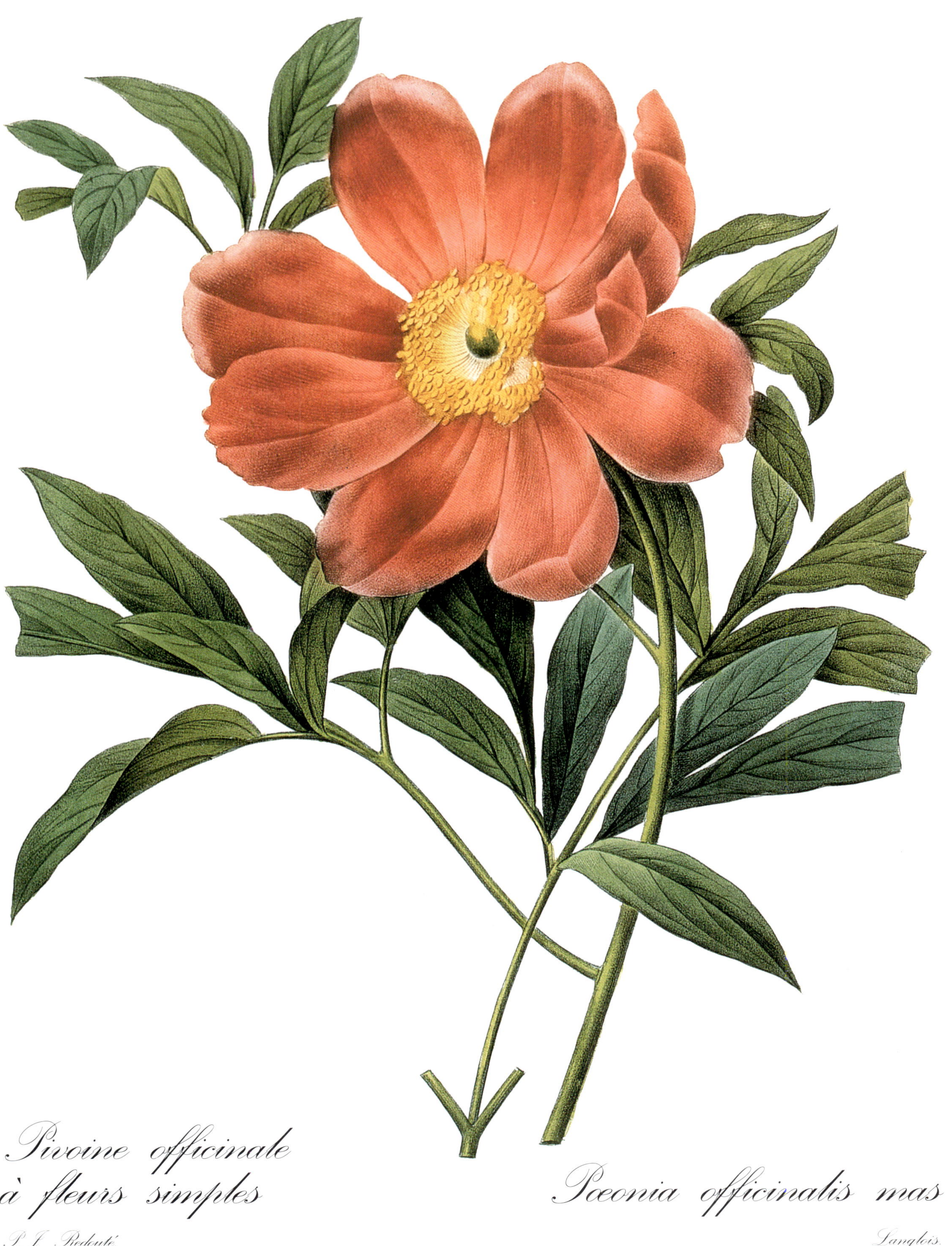

Pivoine officinale
à fleurs simples

Pœonia officinalis mas

P.J. Redouté.

Langlois.

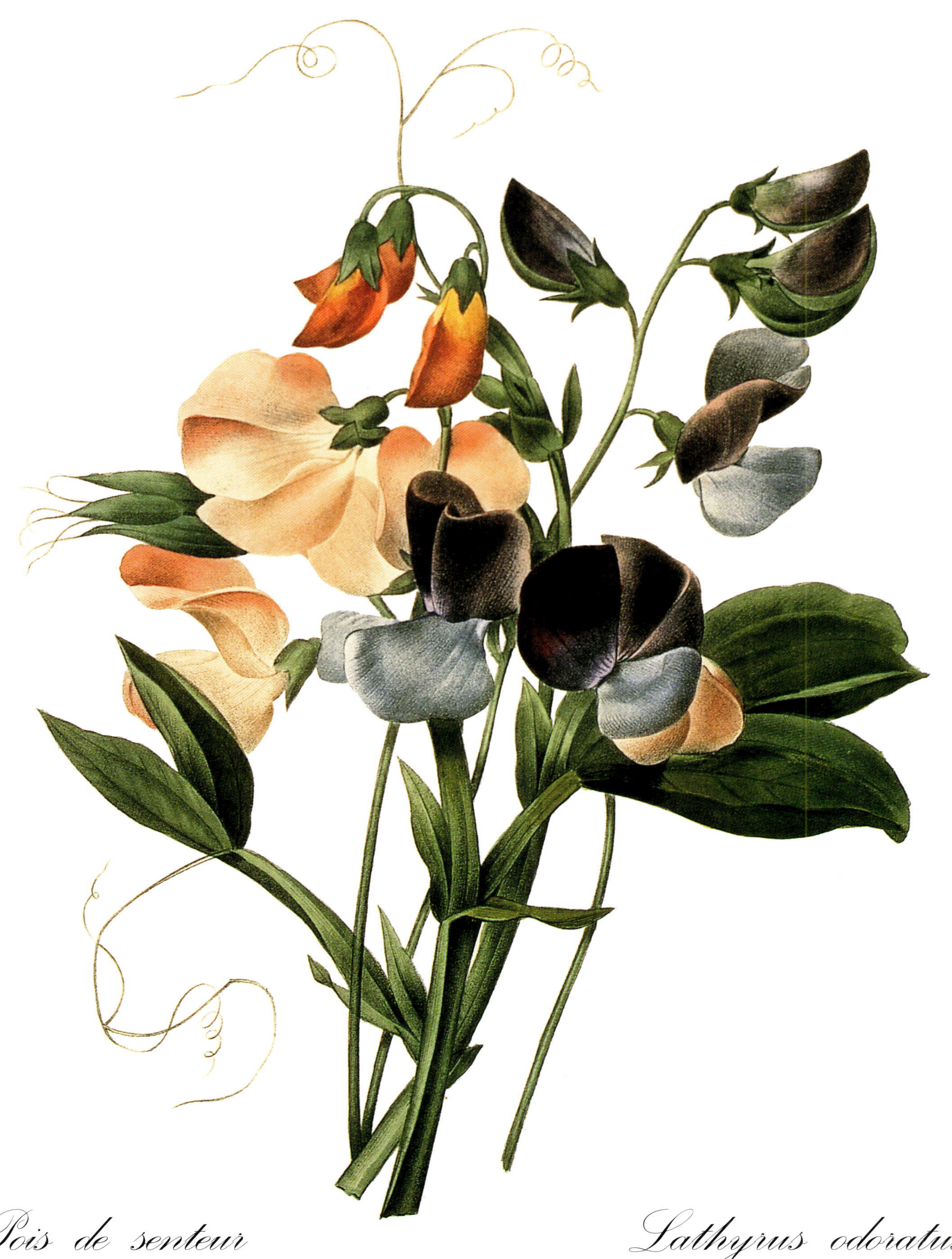

Pois de senteur *Lathyrus odoratus*

P. J. Redouté. Langlois.

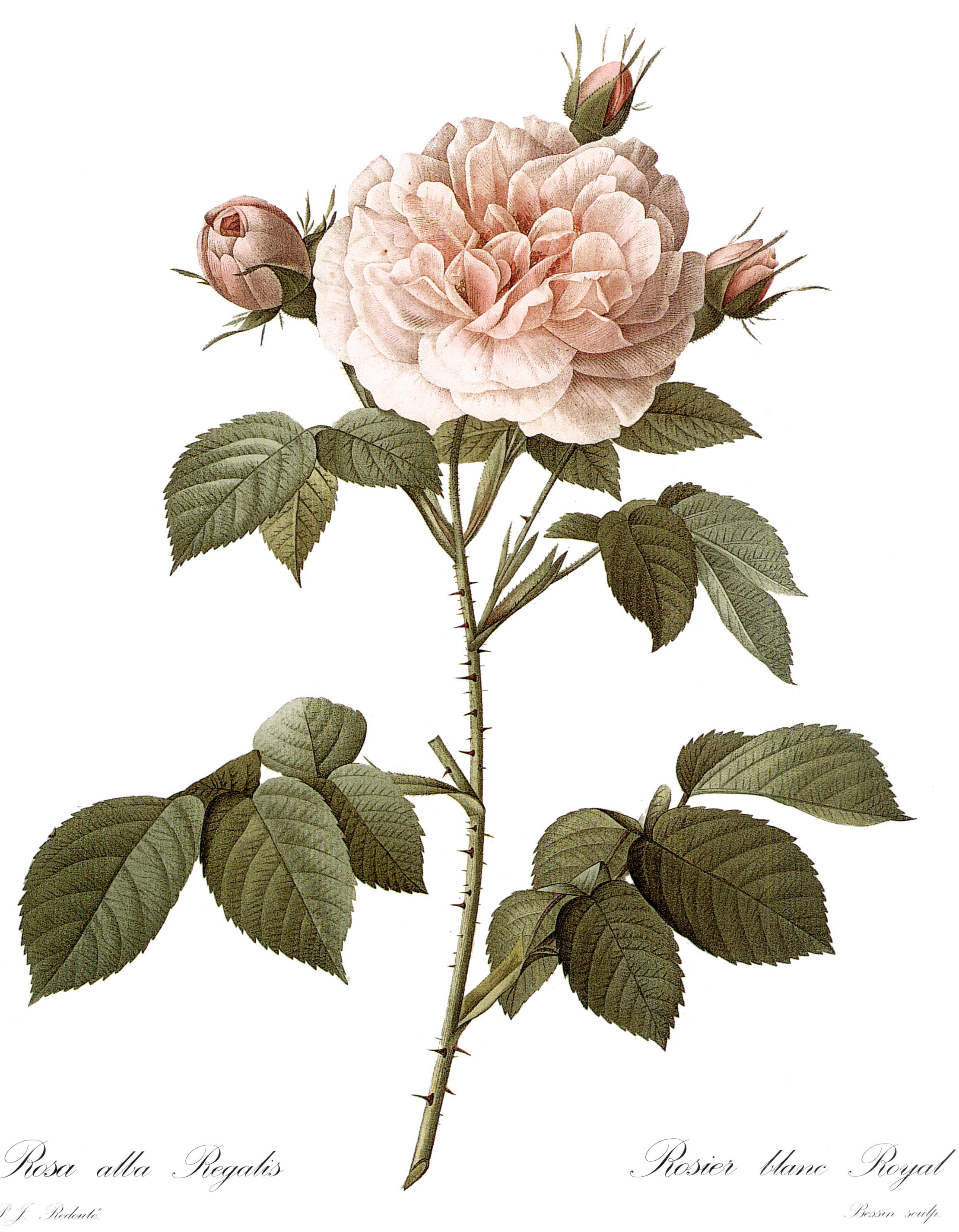

Rosa alba Regalis

Rosier blanc Royal

P. J. Redouté.

Bessin sculp.

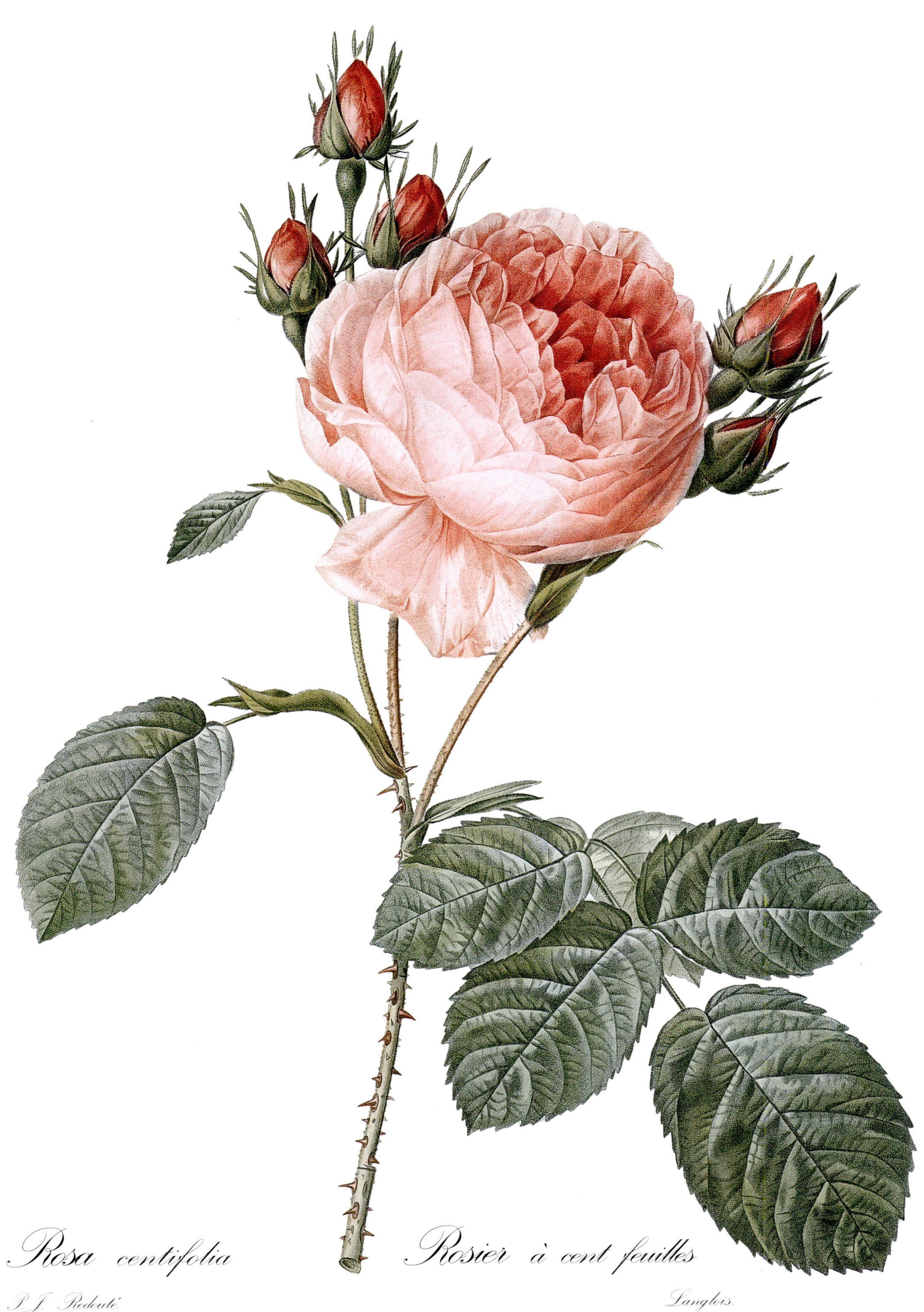

Rosa centifolia *Rosier à cent feuilles*

P. J. Redouté. Langlois.

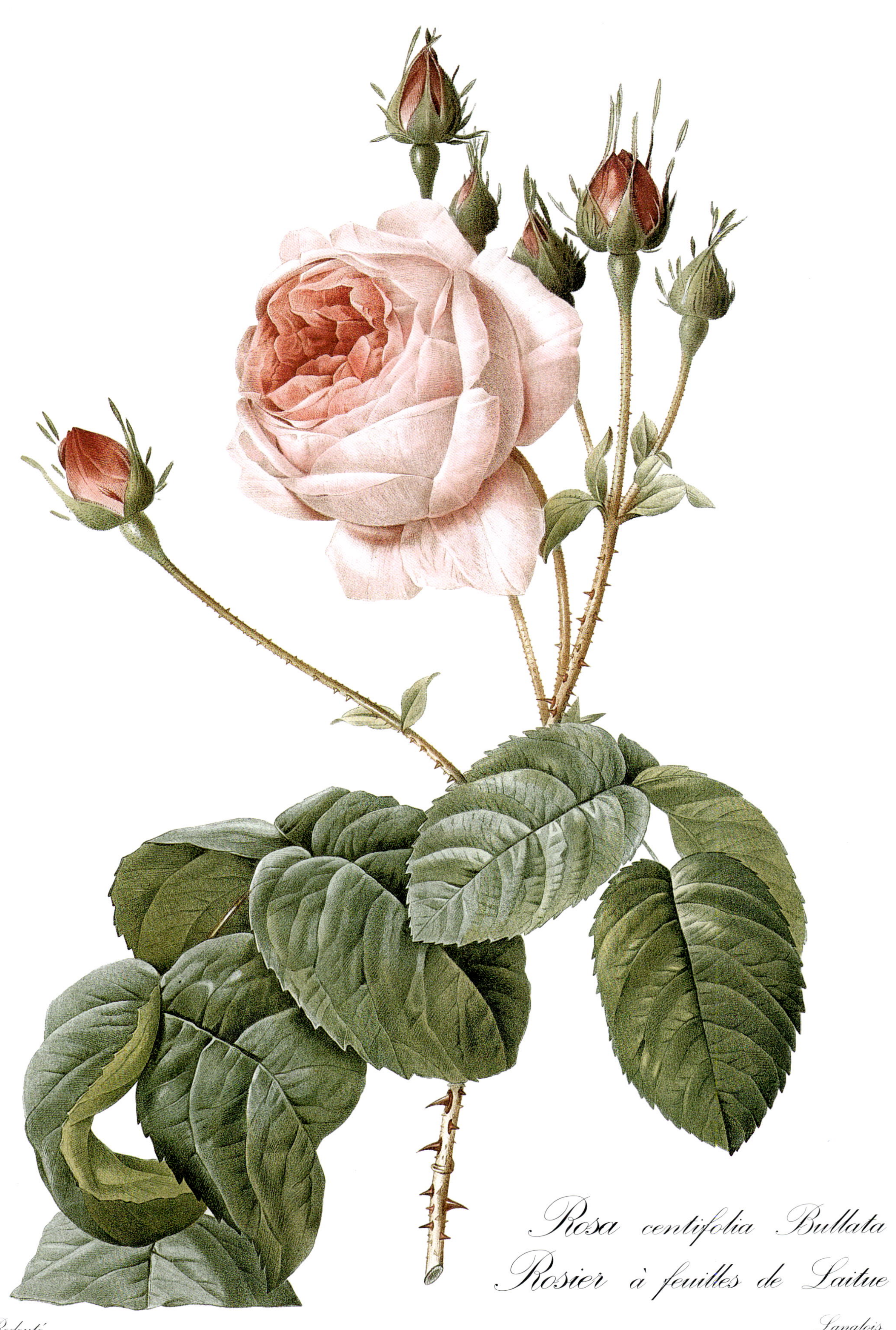

Rosa centifolia Bullata
Rosier à feuilles de Laitue

P. J. Redouté. *Langlois.*

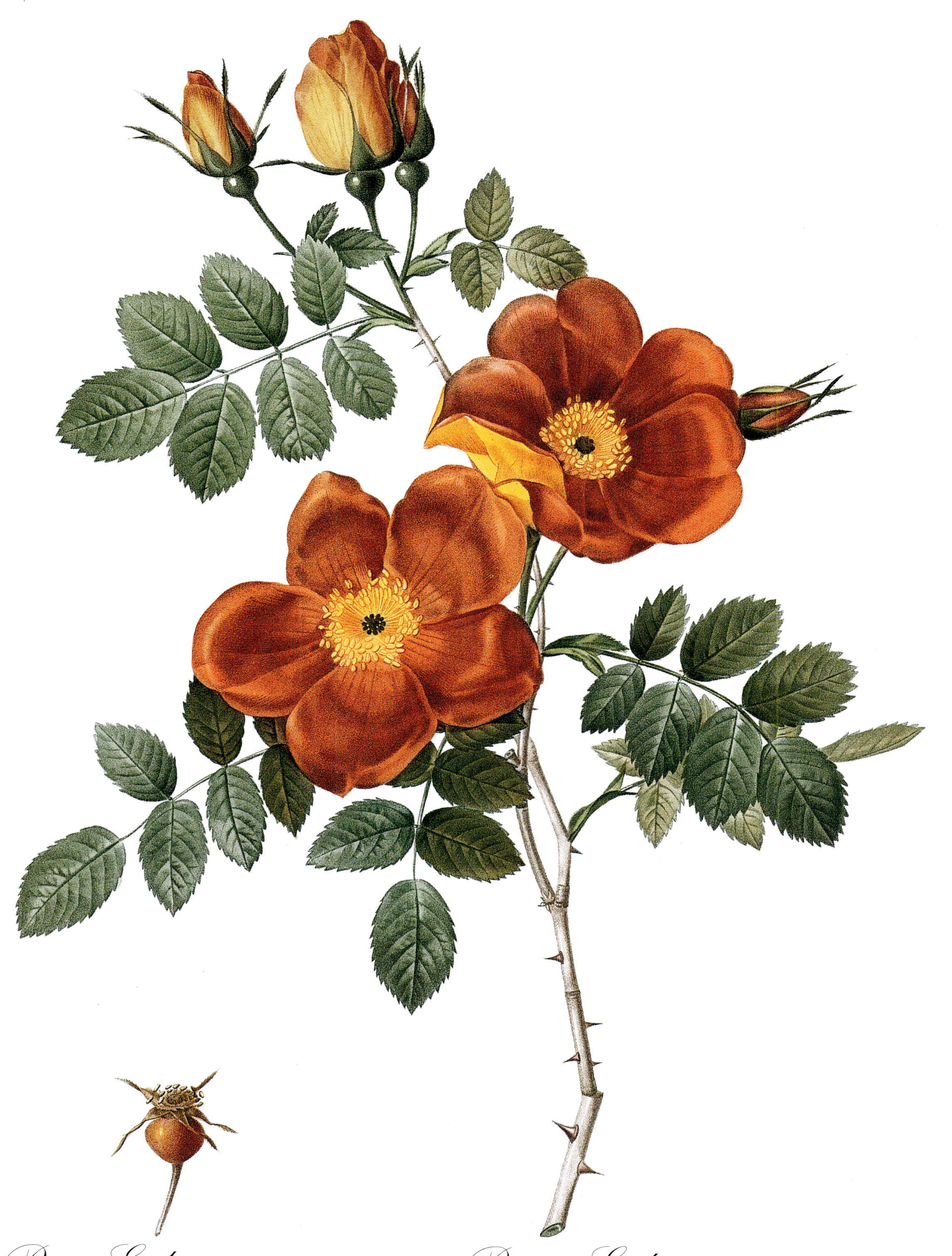

Rosa Eglanteria var. *punicea* *Rosier Eglantier* var. couleur ponceau

P. J. Redouté. Langlois.

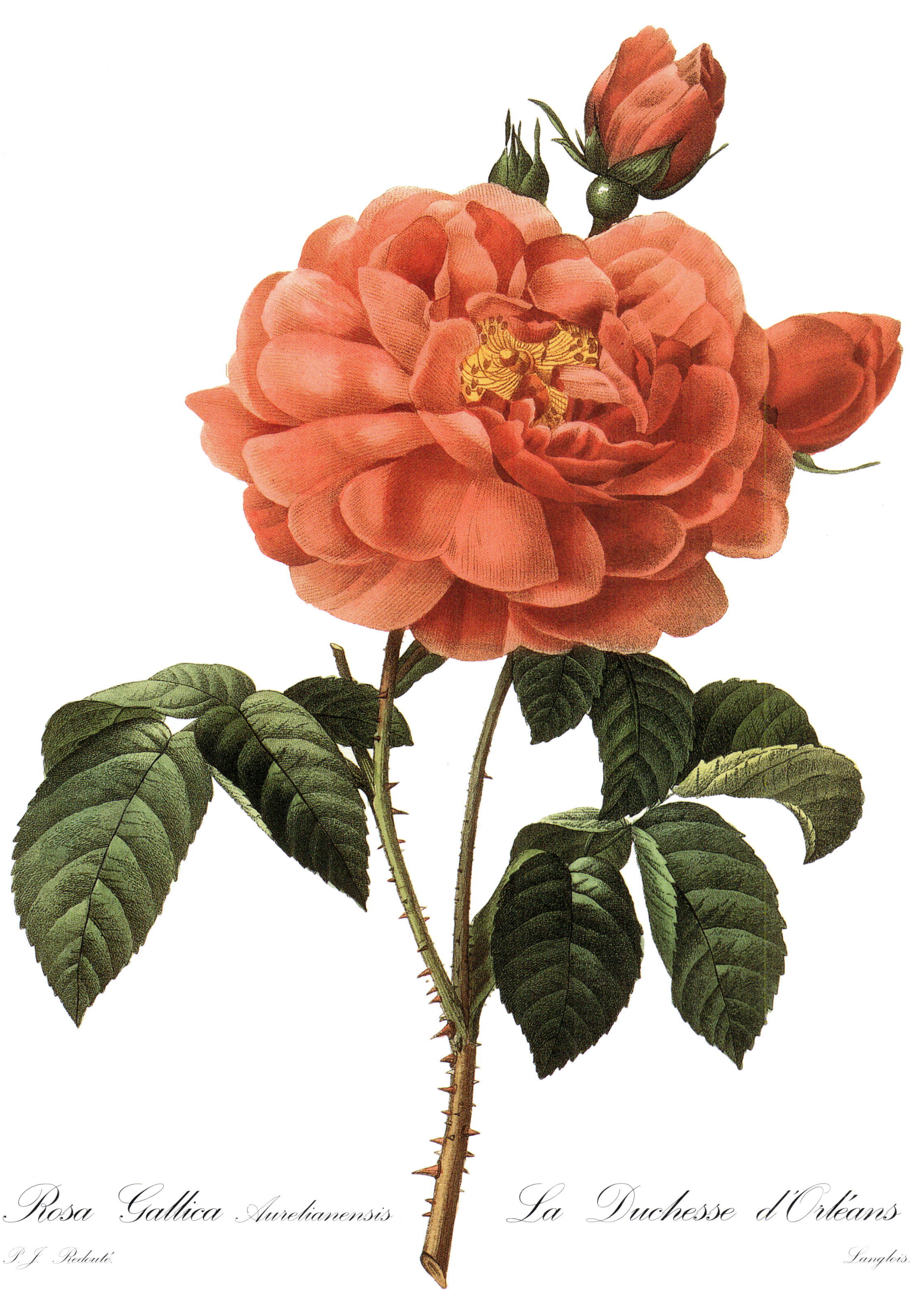

Rosa Gallica Aurelianensis *La Duchesse d'Orléans*

P. J. Redouté. Langlois.

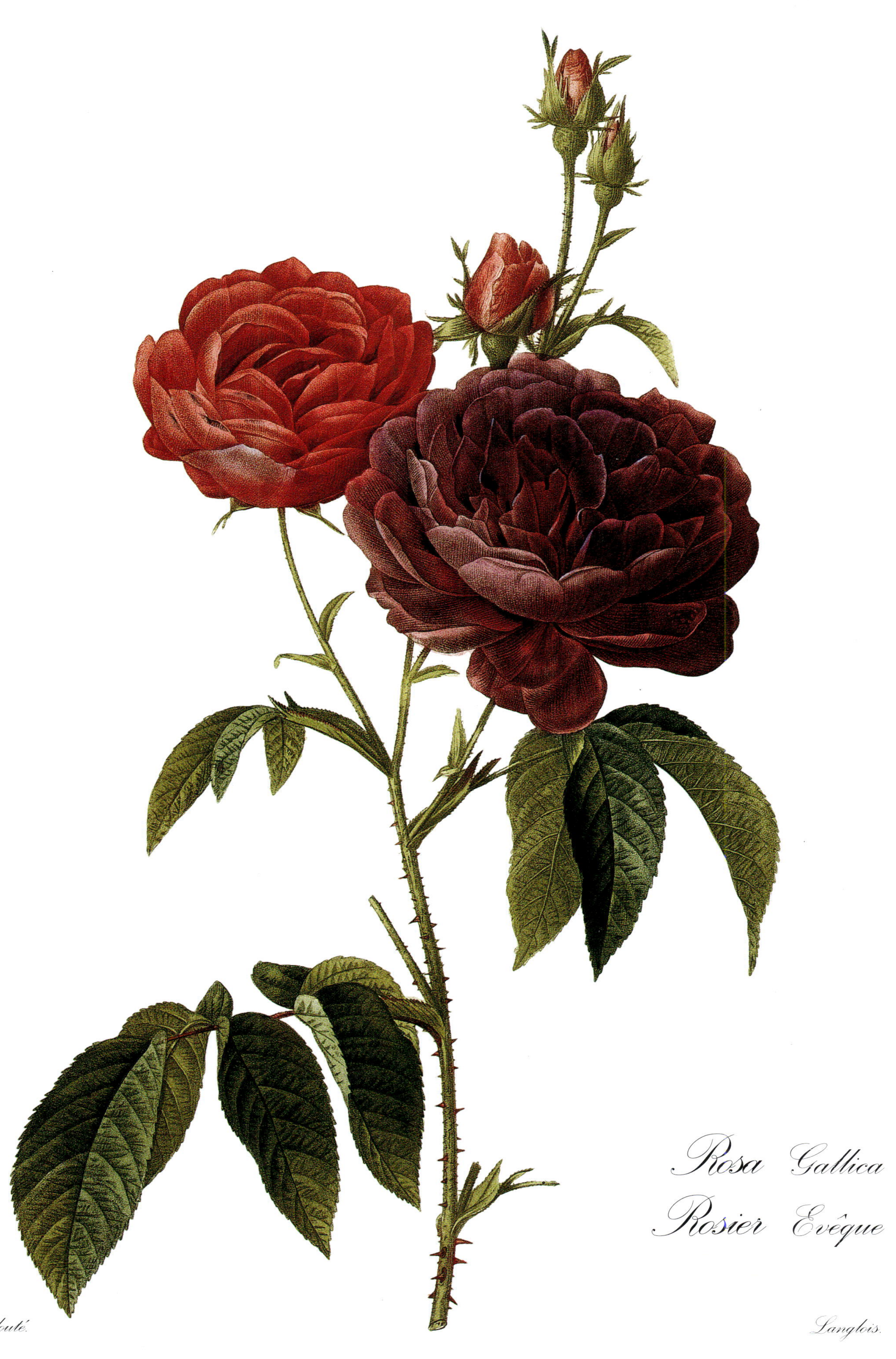

Rosa Gallica
Rosier Evêque

P. J. Redouté. Langlois.

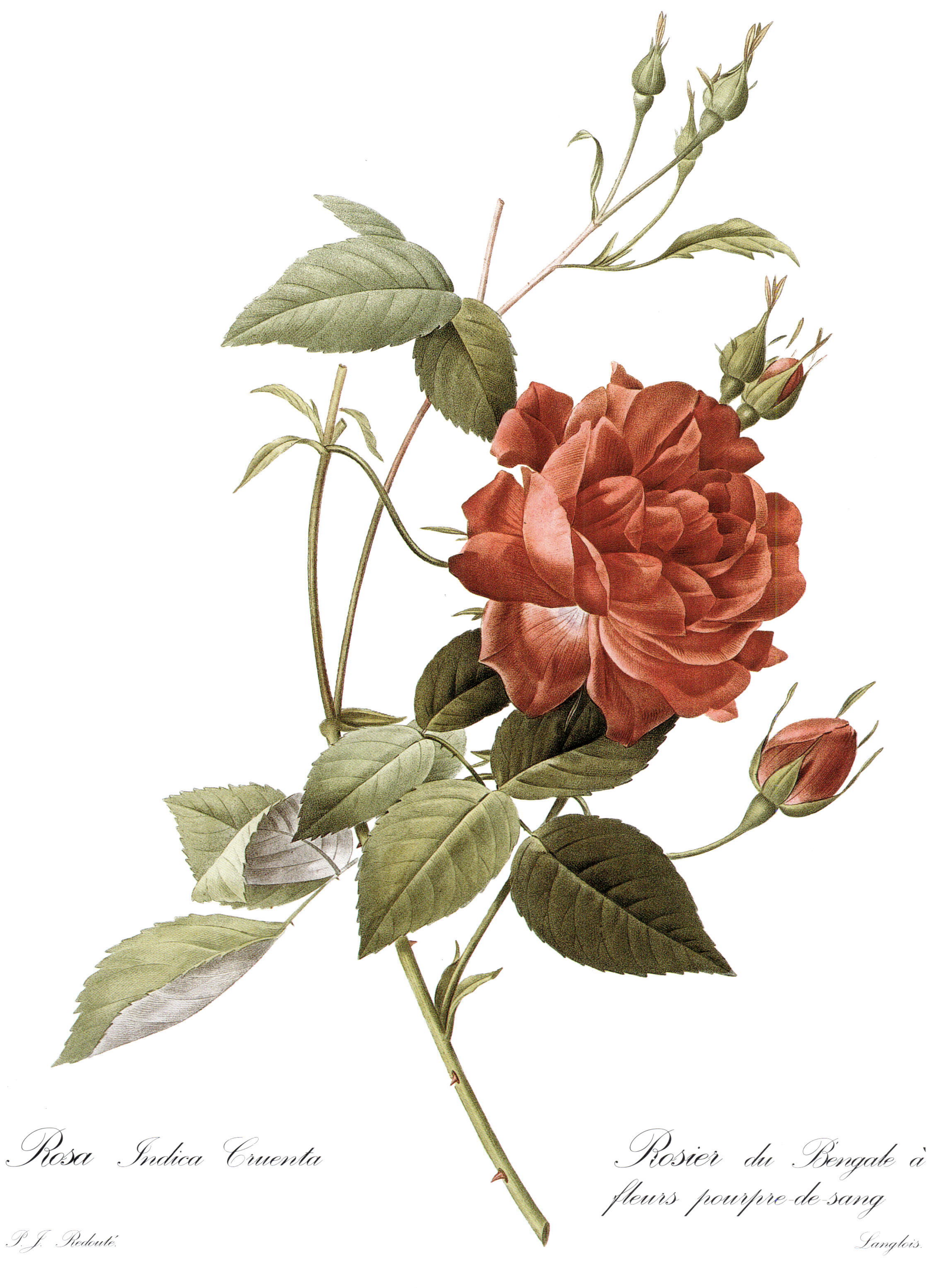

Rosa Indica Cruenta

Rosier du Bengale à fleurs pourpre-de-sang

P. J. Redouté.

Langlois.

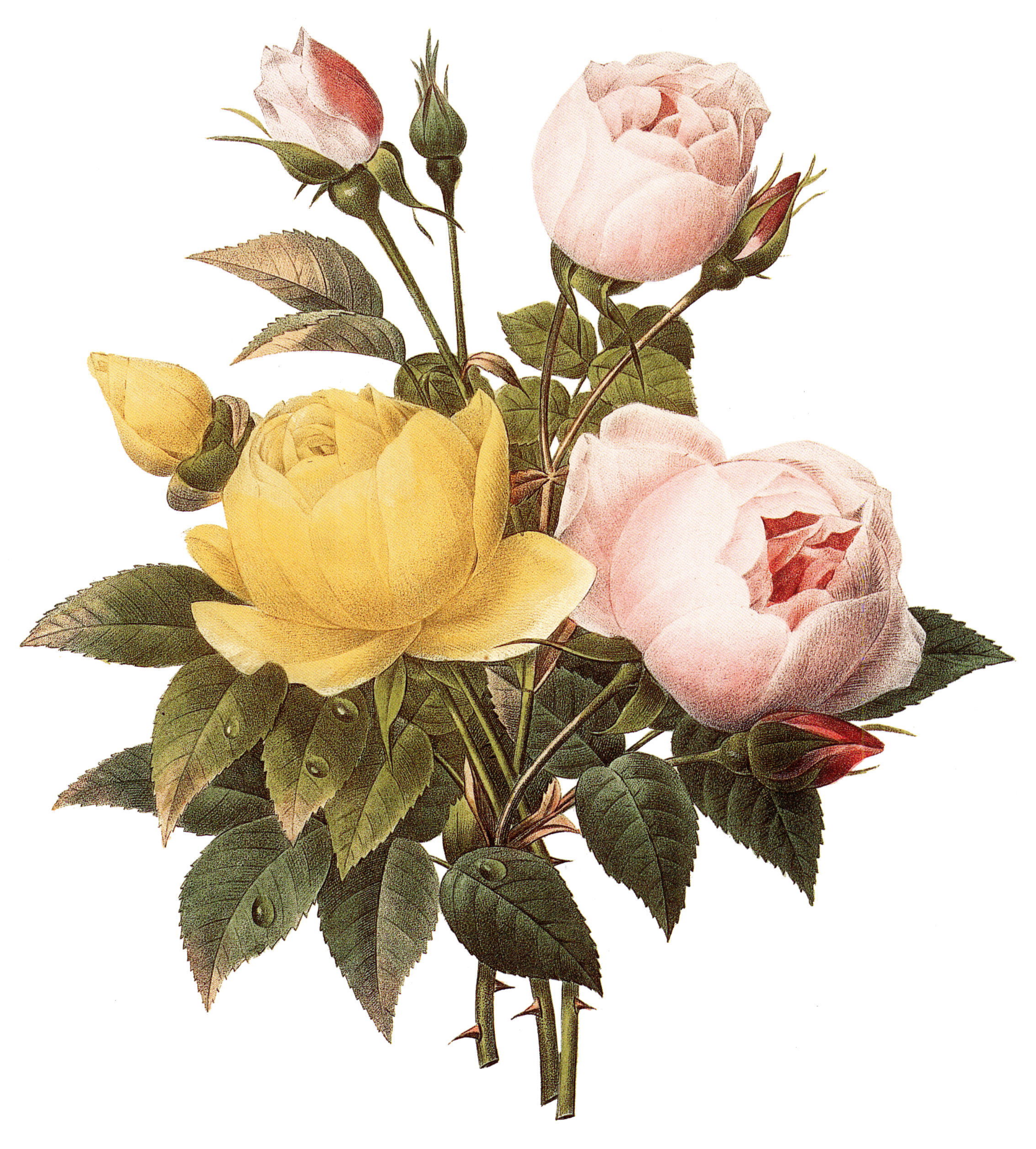

Rose jaune et Rose du Bengale *Rosa lutea et Rosa Indica*

P. J. Redouté. *Langlois.*

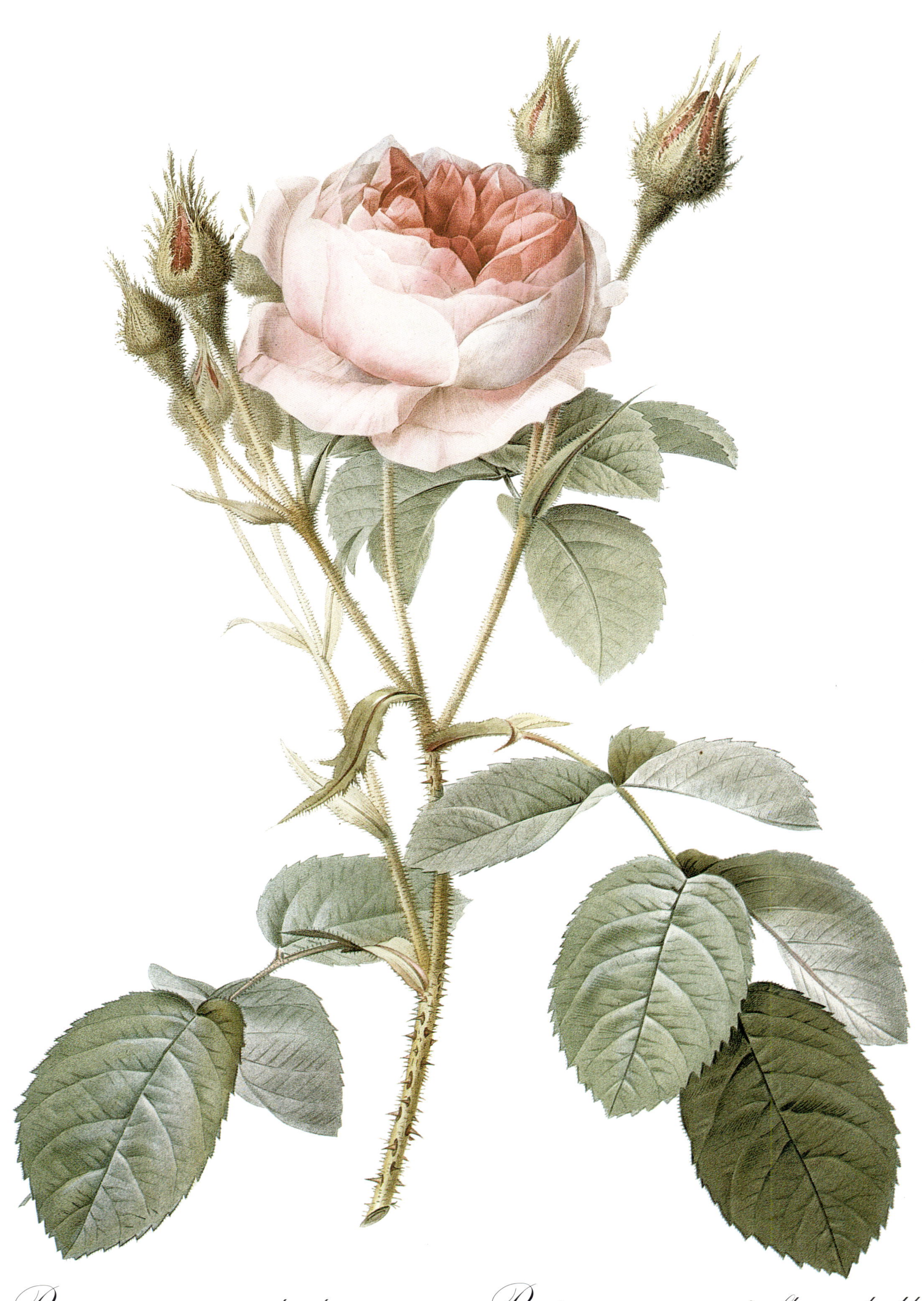

Rosa muscosa multiplex *Rosier mousseux à fleurs doubles*

P. J. Redouté. Langlois.

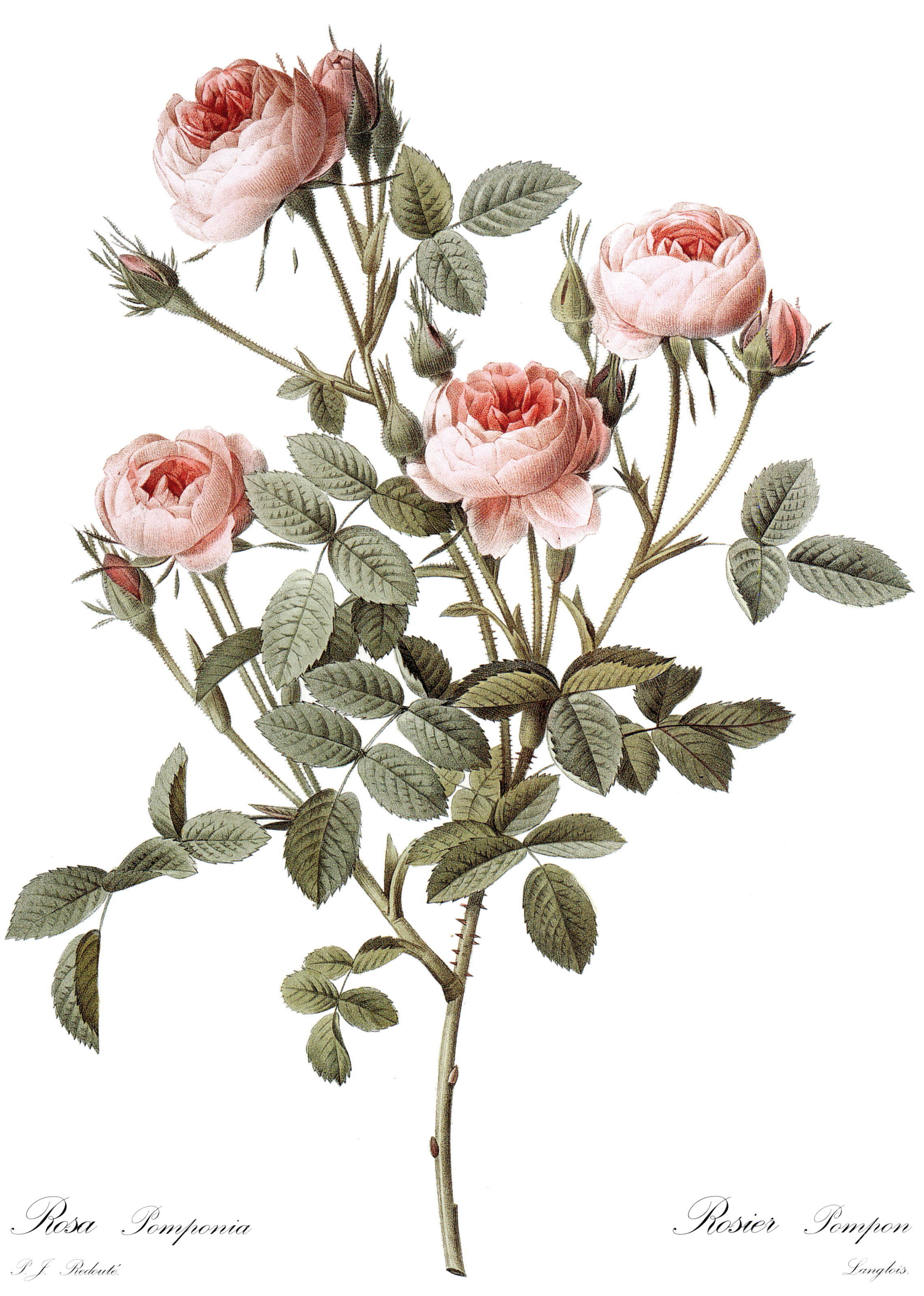
Rosa Pomponia
Rosier Pompon
P. J. Redouté.
Langlois.

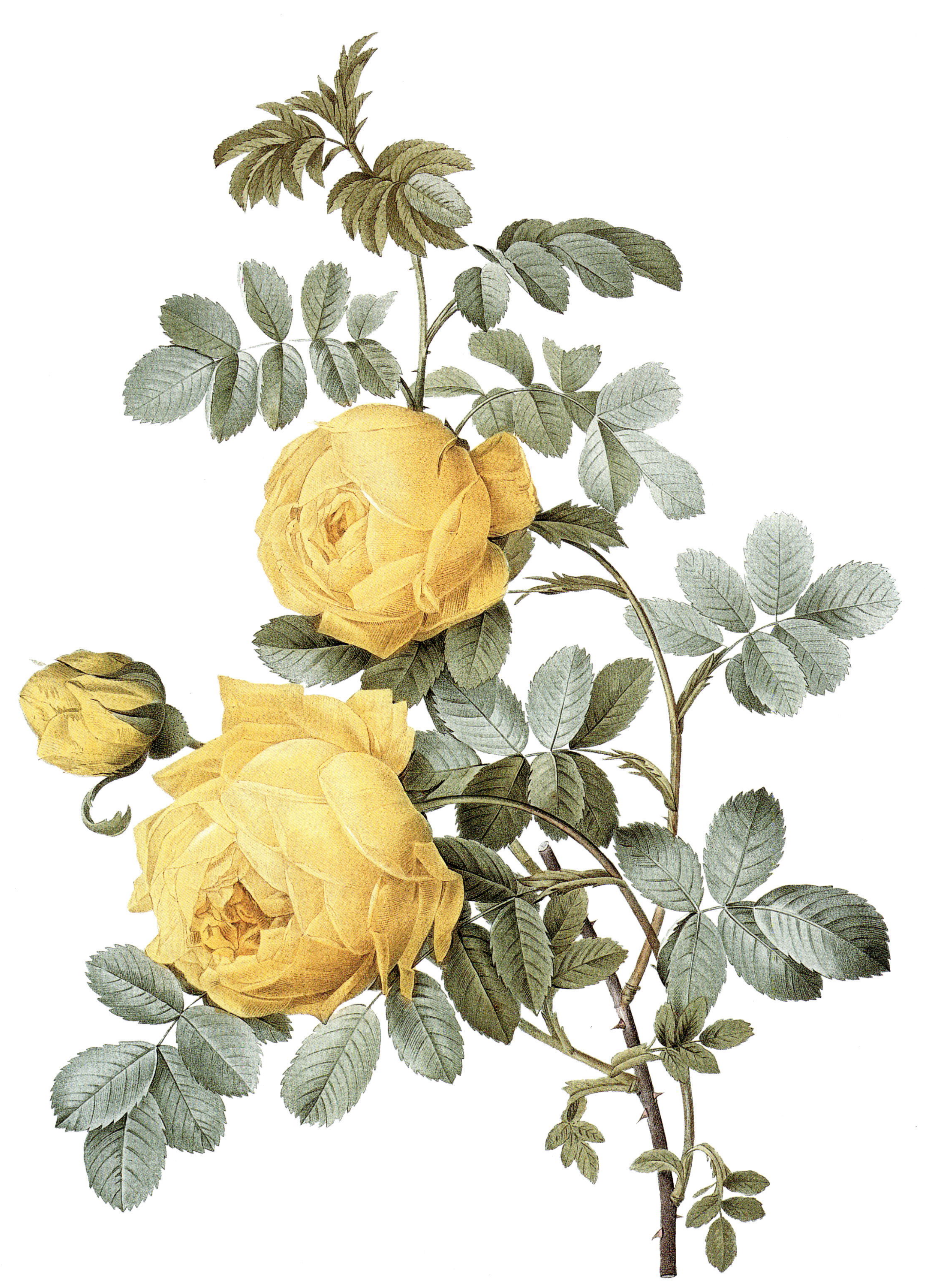

Rosa Sulfurea *Rosier jaune de souffre*

P. J. Redouté. Langlois.

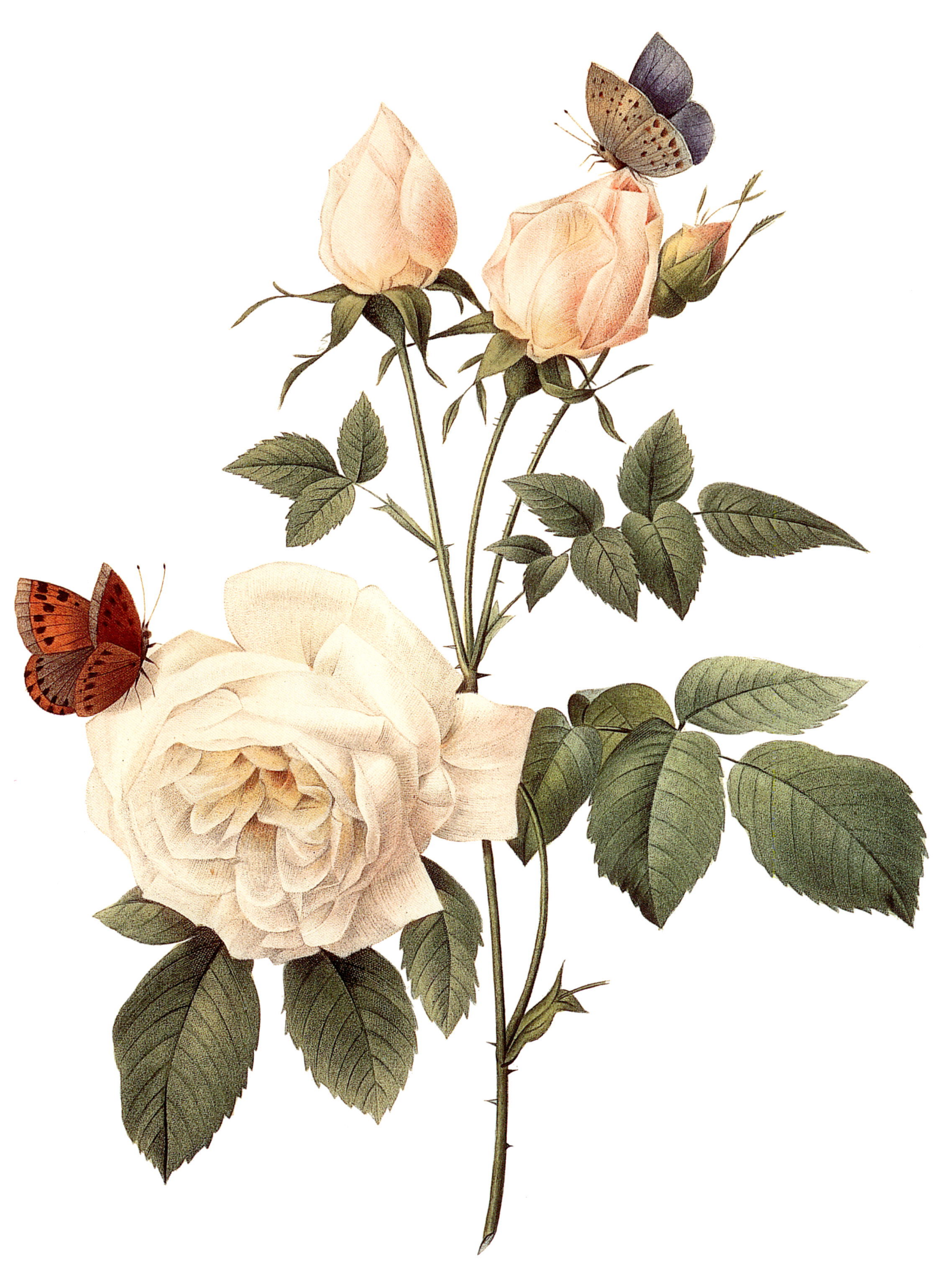

P. J. Redouté.

Bengale Thé hyménée

Victor.

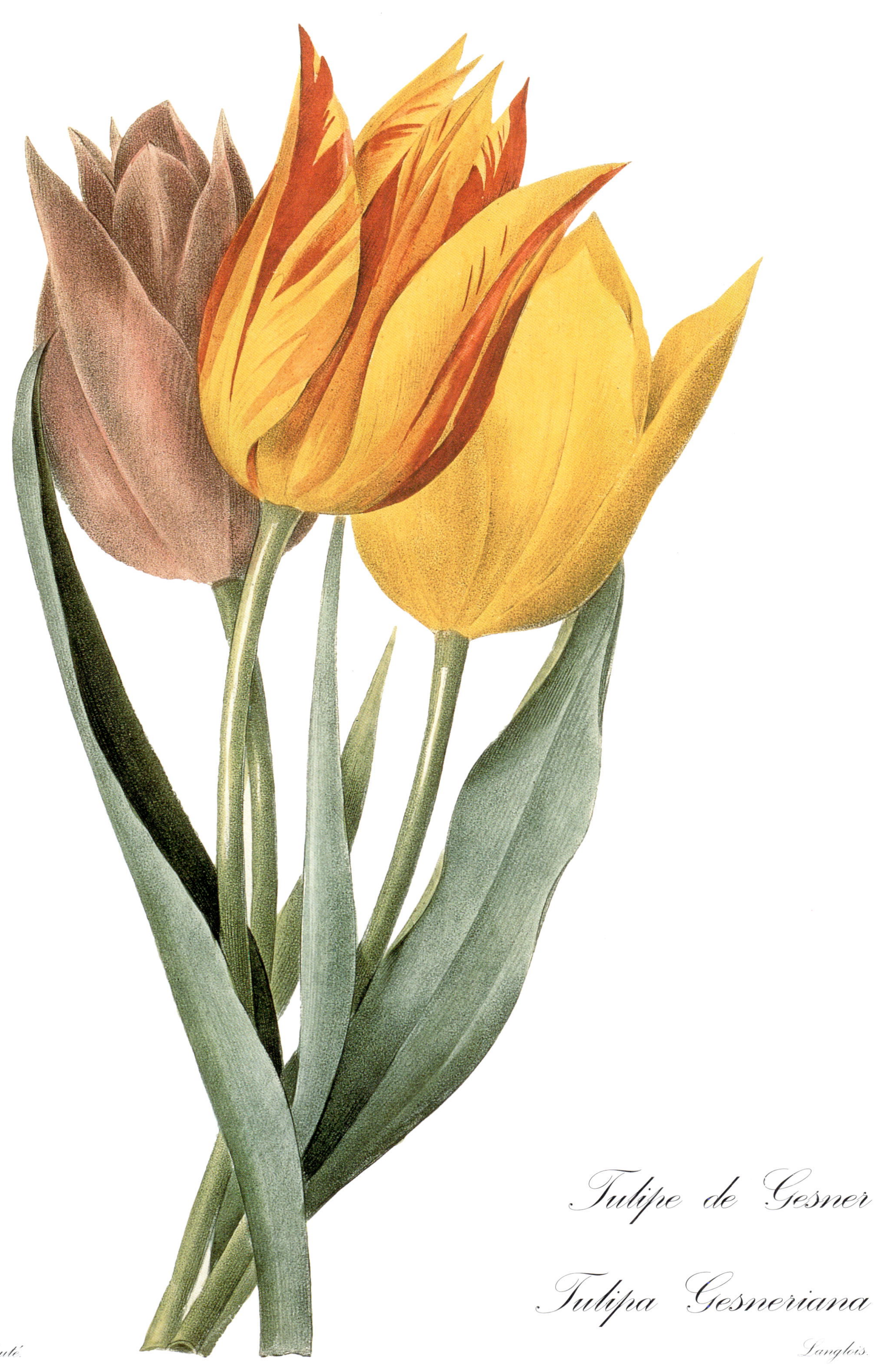

Tulipe de Gesner

Tulipa Gesneriana

P. J. Redouté.

Langlois.

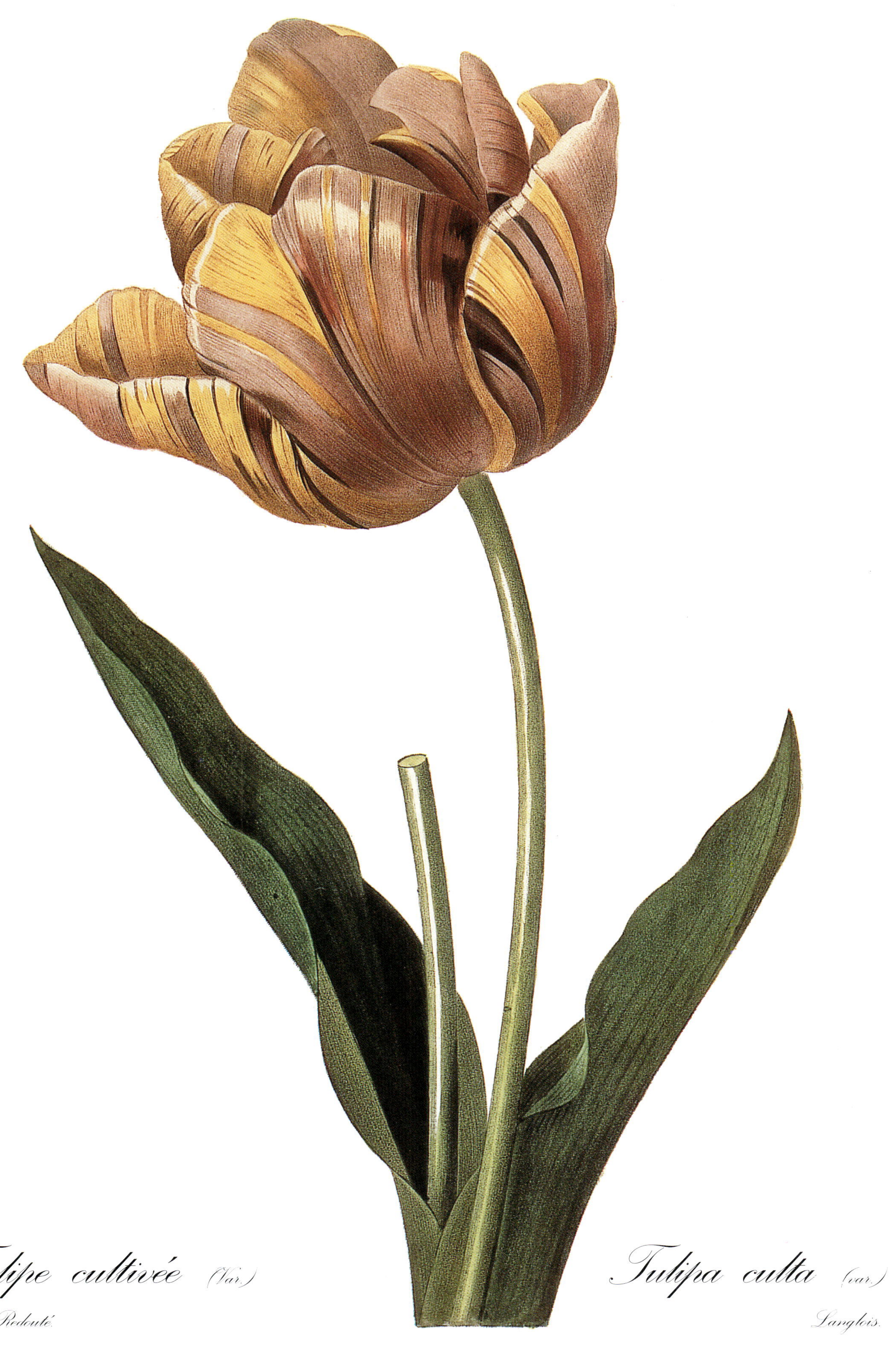

Tulipe cultivée (Var.) *Tulipa culta (var.)*

P. J. Redouté. *Langlois.*

Imprimé en Chine